홍대리,
원온원 미팅을
시작하다

홍대리,
원온원 미팅을 시작하다

발 행 일	| 2024년 9월 30일
지 은 이	| 손창훈, 유하림
디 자 인	| 강은지
펴 낸 이	| 김경민
펴 낸 곳	| (주)가인지북스

출판등록 | 2016년 12월 22일 제2022-000252호
주　　소 | 서울시 마포구 토정로 16, 2층 가인지벙커
전　　화 | T. 02) 337-0691
홈페이지 | www.gainge.com
이 메 일 | gainge.cs@gainge.com
I S B N | 979-11-91662-17-7 (03320)

* 파본이나 잘못된 책은 구입하신 곳에서 교환해 드립니다.
* 이 책의 저작권은 가인지컨설팅그룹에 있습니다.
　이 책 내용의 전부 또는 일부를 재사용하려면 반드시 서면 동의를 받아야 합니다.
* 이 도서의 국립중앙도서관 출판예정도서목록(COP)은
　서지정보유통지원시스템 홈페이지 (http://seoji.nl.go.kr)와
　국가자료공동목록시스템((http://www.nl.go.kr/kolisnet)에서 이용하실 수 있습니다.

홍대리 원온원 미팅을 시작하다

손창훈 유하림 지음

GC 가인지

프롤로그 항상 최악의 상황을 떠올려보는 당신에게

1부 이게 무슨 일(WORK)이야!

요즘 잘나가는 회사들의 특징, 개별적 성과관리　　　　　　　　014
인력은 관리하고 인재는 관계를 맺는다　　　　　　　　　　　027
제가 리더를 관리한다고요? 매니저업의 등장　　　　　　　　032

2부 회사에서 일을 열심히 하는데 인정은 못받고 있다면?

리더가 내 성장을 돕게하고 싶다면? '이렇게' 말해보세요　　　044
거절하고도 편하게 얼굴 볼 수 있는 2가지 대화법　　　　　　052
나의 도움요청에 무조건 YES! 나오게 하는 소통법　　　　　　055

3부 고액연봉자들은 왜 하루종일 미팅만 하는걸까?

일 잘한다는 소리들으면 원이 없겠네　　　　　　　　　　　072
대화가 잘 되는 이유가 이것 때문이라고?　　　　　　　　　080
배달의 민족 디렉터들이 업무 시간의 50%를 직원 미팅에 사용하는 이유　088

4부 K-직장인의 강력한 성장 도구

용기 있는 자의 손에 쥐어지는 성장 목걸이　　　　　　　　　096
T 상사와 F 팀원의 불편한 동거　　　　　　　　　　　　　106
1등만 기억하는 더러운 세상　　　　　　　　　　　　　　118
번아웃의 불길을 막아주는 원온원 방패　　　　　　　　　　126

원온원 사용설명서 1 (신입사원 VS 중고신입)	131
원온원 사용설명서 2 (직장인 유형별)	137

5부 원온원 미팅 천재가 된 홍대리

당당출근 홍대리의 원온원 미팅 활용법	150
홍대리, 원온원 미팅을 시작하다	156
원온원이 전파되다	168

6부 내 삶 속의 원온원

친구를 만나도 일대일로 못 만나는 모든 이들에게	176
부모님과 일대일 대화를 한지 어언 백만년	182
상상 못 할 내 혈육과의 일대일 담화	188
연인간에도 원온원을?	193
아직도 원온원이 부담스러운 당신에게 건네는 위로의 말	198
집단속에 있으면 숨을 수 있을거라 생각했습니까?	202

에필로그 농작물은 농부의 발자국 소리를 듣고 자란다
제공도구 고통에서 소통으로, 촉진적 대화를 위한 5가지 도구
비폭력 대화를 위한 SENSe 모델 | 지지적 인정을 위한 TEB 모델 | 공감적 경청을 위한 3F모델
비언어 체크리스트 | 비언어 행동모음집

프롤로그

항상 최악의 상황을 떠올려보는 당신에게

어둠이 깔린 방, 달빛만이 희미하게 공간을 밝히고 있습니다. 하림은 의자에 앉아 길었던 하루를 정리하며 스스로에게 말했습니다.

"오늘도 문제없이 지나갔네"

하림은 항상 최악의 시나리오를 그려보며 그 불행을 겪지 않았음에 안도하곤 했습니다. "아, 최악은 면했네." 이것이 바로 하림의 멘탈을 지켜주는 하나의 안전장치이자 멘트였습니다.

누군가 "왜 그렇게까지 최악의 경우를 생각해?"라고 물었을 때, '꿈 같은 행복을 상상하게 되었을 때, 그것이 이뤄지지 않아 겪는 절망감이 더 괴로울 것 같다.'라고 대답해 왔습니다. 이처럼 하림은 최악이 아닌 삶에 감사하며 살아가고 있습니다. 이번에도 취직 실패라는 최악의 경우를 생각하고 있었지만, 취직에 성공하게 되어 그 속에서 나름의 만족감을 만끽했습니다.

새로운 회사에서의 삶은 어려웠습니다. 난이도 있는 업무들의 반복이었고, 그때마다 하림은 지금까지 단련 되어있던 '최악은 면하자'라는 생각으로 하루 하루를 버텼습니다.

그러던 어느 날, 하림은 팀장으로부터 한 메시지를 받았습니다. 바로 원온원 미팅을 위해 캘린더를 세팅하라는 것이었습니다. 처음에는 원온원 미팅을 그저 이 회사의 문화 중 하나, 상사의 의무적인 체크리스트 그 이상 그 이하도 아니라고 생각했습니다. 그래서 이 시간이 얼마나 큰 변화를 불러올지 전혀 예상하지 못했습니다.

원온원 미팅 시간은 새로움의 연속이었습니다. 나의 상태를 점검하고 피드백할 수 있고, 나아가 그에 대한 도움과 지원, 격려의 말까지 얻을 수 있는 소중한 시간이었습니다. 원온원 미팅은 게임 속 퀘스트를 깨는 것처럼 느껴졌습니다. 처음엔 그저 내 상태를 팀장과 나누는 것에 그쳤지만, 원온원을 하면서 점차 업무에 대한 이해도가 높아지고 저번보다 더욱 성장한 모습을 확인할 수 있었습니다. 마치 퀘스트를 깼을 때 주어지는 보상을 받는 듯한 느낌이었습니다.

그리고 깨닫게 되었습니다. 최악의 시나리오를 염두에 두던 습관이 원온원 미팅에서만큼은 전혀 도움이 되지 않는다는 것을 말입니다. 대신 그토록 꺼려 했던 더 나은 미래를 상상하기 시작했습니다. "이 업무가 끝나는 2주 뒤에는 어떤 일이 일어날까?", "내일은 어떤 성취를 이룰 수 있을까?"

그저 최악을 면하는 것이 아닌, 행복과 성장을 꿈꾸기 시작한 것입니다. 이러한 사고방식의 변화는 단순히 하림의 업무 능력뿐만 아니라 전반적인 삶의 질을 변화시켰습니다.

하림은 미팅이 끝난 후 사무실을 나서며 문득 이런 생각을 했습니다.

"이 즐거움을 다른 사람들과 나눌 수 있다면?"

그래서, 이 책을 쓰기로 결심했습니다. 맞습니다. 이 이야기는 지금도 퀘스트를 깨가며 열심히 레벨업 중인 필자의 이야기입니다. 이 책을 읽고 여러분도 함께 성장할 수 있기를 바라는 마음에서 시작했습니다.

이 책은 리더와 팀원 모두를 위한 것입니다. 원온원 미팅을 통해 서로가 더 깊이 이해하고, 함께 성장하는 방법을 찾을 수 있습니다. 리더들은 팀원과의 효과적인 소통 방법을 배울 수 있고, 팀원은 자신의 성장을 만들어 갈 수 있습니다. 회사 책장에 이 책을 슬쩍 꽂아두십시오. 그리곤 동료들에게 추천해 보십시오! 여러분이 사회생활에서 원온원 미팅을 어떻게 활용할 수 있을지 인사이트를 줄 것입니다.

지금도 하림은 열심히 레벨업 중입니다. 그래서 더더욱 이 책이 희망찬 미래를 꾸려가는 첫 시작이 되기를 바랍니다. '원온원 미팅? 기대가 되네', '내일 팀장님께 미팅을 신청해 볼까?', '지금 막혀 있는 부분을 뚫을 수 있겠지?'

하림은, 전처럼 최악의 시나리오를 머리에 담아두며 움직이는 것이 나의 삶과 성장에 도움이 되지 않는다는 것을 깨달았습니다. 또한, 행복한 상상이 머릿속에 긍정을 오래도록 머금고 있게끔 한다는 것을, 또 그것이 새로운 동력으로 작동한다는 것을 알게 되었습니다.

최악의 시나리오를 상상하는 대신, 성장을 꿈꾸며 새로운 도전을 시작해 보십시오. 당신도 원온원 미팅을 통해 레벨업할 수 있습니다!

지금 막혀있는
부분을

뚫을 수 있겠지?

1부

이게
무슨 일(WORK)
이야!

01
요즘 잘나가는 회사들의 특징, 개별적 성과관리

예나 씨는 유망한 스타트업에서 마케팅 매니저로 일하고 있는 29세 청년입니다. 그녀는 대학교를 졸업하고 몇 년간 경력을 쌓은 후, 자신의 능력을 발휘할 수 있는 스타트업에 입사했습니다. 그러나 처음의 포부와는 달리 팀 단위로 이루어지는 성과 평가에 적응하기 어려웠습니다.

예나 씨는 열심히 일했습니다. 좋은 아이디어를 냈습니다. 프로젝트 성공에도 기여했습니다. 구성원들도 예나씨의 기여를 인정했습니다. 하지만 개인적으로는 성과를 냈으나 팀 전체의 목표를 달성하지 못하면 그녀의 노력이 제대로 인정받지 못하는 시스템을 경험했습니다. 그러던 중, 전사 타운홀 미팅이 열렸습니다. 회사의 CEO가 앞에 나와 새로운 성과관리 방식을 도입하겠다고 발표했습니다. 그는 개별적 성과관리를 강화할 계획이며 개인의 기여와 성과를 명확히 평가하고 공정하게 보상하겠다고 했습니다. 예나 씨는 이 소식을 듣고 내심 큰 기대감을 가졌지만 의구심도 함께 들었습니다.

"정말로 개별적 성과가 인정될 수 있을까?"

몇 달 후 회사는 정기적인 원온원 미팅 시스템을 도입했습니다. 예나 씨는 매주 리더와 일대일 미팅을 가지게 되었습니다. 첫 번째 원온원 미팅에서 리더는 예나 씨에게 이번에 회사에서 원온원 미팅을 도입한 배경과 이에 맞춰 우리가 노력해야하는 부분에 대해서 나눠주었습니다. 리더로서 본인도 개별적 성과관리 제도가 아직은 낯설기는 하지만 상호간의 관심과 솔직한 소통을 통해 이 문화를 만들어 가면 좋겠다는 진심을 표현해주었습니다.

예나씨는 리더에 말에서 서툴지만 진심이 담긴 에너지를 느끼고 조금씩 마음의 문이 열리는 것을 느꼈습니다.

이후 리더는 예나씨의 업무 진도와 성과를 점검했습니다. 그녀가 직면한 어려움과 필요한 지원을 물어보았습니다. 그리곤 피드백을 해주었습니다.

"예나 씨가 제안해 준 아이디어들은 정말 신선하고 좋아요. 그런데 여기서 예나 씨가 더 신경 썼으면 하는 부분이 있어요. 그건 바로 프로젝트 관리 능력이에요. 프로젝트를 맡았을 때 명확한 조직화와 일정을 관리하고 품질을 높여가는 관점을 강화해가면 좋겠어요. 예나씨에게 프로젝트 관리 능력까지 더해지면 더 큰 성과를 낼 수 있는 사람이 될 거예요. 올해 말까지 프로젝트 관리 능력 개발에 집중해 보는 게 어떨까요?"

리더의 진심 어린 조언은 예나 씨에게 감동으로 다가왔습니다. 이 감동은 개별적 관심에서 오는 것임을 느꼈습니다. 그녀는 원온원 미팅을 마치고 리더의 피드백을 곱씹어 보았습니다. 그리고 처음으로 받아본 성장관점의 피드백에 있어 원온원 미팅이 자신의 성장에 큰 도움이 된다는 것을 깨달았습니다. 그래서 그녀는 리더에게 직접 원온원 미팅을 요청하기도 했습니다.

"팀장님, 이번 프로젝트의 일정 관리에 대해 몇 가지 조언을 구하고 싶습니다. 팀장님의 캘린더를 확인했는데 내일 오후 3시가 비워져 계시더라고요. 제가 30분 정도 미팅을 신청해도 되겠습니까?"

예나 씨는 원온원 미팅을 통해 리더의 기대와 의도를 명확하게 인지하며 프로젝트를 관리하고 싶었습니다. 리더가 생각하는 방향과 본인의 방향이 일치해야만 명확한 결과물로 성과를 낼 수 있다고 생각했기 때문입니다.

원온원 미팅 때 예나씨는 많은 질문을 던지며 리더의 기대와 의도를 맞춰갈 수 있었습니다. 이 시간들이 쌓이면서 예나씨는 리더에게 성과를 내고 싶어하는 사람, 적극적인 사람, 노력하는 사람이라는 인식을 주었습니다.

정기적인 원온원 미팅을 통해 예나 씨는 리더와의 신뢰 관계를 더욱 강화했습니다. 리더는 예나 씨가 자신의 의견을 자유롭게 표현할 수 있도록 격려했습니다. 그녀의 아이디어와 제안을 존중했습니다.

"예나 씨, 원온원 미팅을 먼저 신청해주어서 고마워요. 미팅 때마다 예나 씨가 고민한 영역들을 먼저 공유해주실 때마다 저도 몰랐던 정보들을 알게 되어 참 감사했습니다. 이렇게 건설적인 대화를 하면서 일을 할 수 있다는 것이 참 기쁘고 감사합니다. 책임감을 갖고 프로젝트에 임해줘서 고맙습니다. 저도 더욱 잘하겠습니다."

예나씨의 노력에 대한 리더의 격려와 상호 소통은 예나 씨에게 신뢰와 심리적 안정감을 주었습니다. 또, 그녀에게 더 높은 목표에 도전할 용기를 주었습니다.

그러던 어느 날, 예나 씨는 프로젝트를 진행하다 큰 난관에 부딪혔습니다. 혼자 문제를 해결할 수 없었습니다. 리더의 조언이 절실했습니다. 그래서 리더를 찾아갔습니다. 그리고 리더에게 프로젝트 관련 조언을 구하는 대화가 시작되었습니다.

"예나 씨, 원온원 미팅을 갑자기 신청하셔서 사실 놀랐어요. 요즘 프로젝트는 어떻게 진행되고 있습니까?"

리더는 차분한 목소리로 물었습니다.

"사실, 이번 프로젝트에서 큰 어려움을 겪고 있습니다. 고객이 처음 요구했던 사항에서 크게 벗어난 요구가 들어오고 있습니다. 또 팀 내 커뮤니케이션 문제로 인해 일정이 자꾸 지연되고 있습니다. 답답하기도 하고 속상합니다.."

예나 씨는 솔직하게 고민을 털어놓았습니다. 리더는 진지하게 예나 씨의 말을 경청했습니다. 그리곤 고개를 끄덕였습니다.

"그렇군요. 고객의 요구사항 변경은 언제나 어려운 문제죠. 그래도 방법이 있을 거예요."

리더는 책상 위에 노트북을 켜고는 예나 씨의 문제를 하나씩 정리하기 시작했습니다.

"먼저, 고객의 요구사항 변경에 어떻게 대응할 수 있을지 생각해 봅시다. 우선 우리가 가진 자원들을 어떻게 묶을 수 있는지 점검해봅시다. 또 요구사항 변경에 대해서 우리가 다른 대안을 제시할 수 있는 안을 짜보면 좋을 것 같습니다. 또 팀 내 커뮤니케이션 문제에 대해서는 15분 이내에 정보공유 미팅을 최소 하루에 한 번은 가져보는 건 어떨까요?"

예나 씨는 리더의 제안에 고개를 끄덕였습니다.

"좋은 생각인 것 같습니다!"

리더는 미소를 지으며 말했습니다.

"예나 씨, 이 문제는 곧 해결될 거라 믿어요. 도움이 필요할 때 언제든 말해 주세요. 이번 프로젝트가 예나 씨의 성장에 정말 큰 역할을 할 것 같습니다. 어렵겠지만 그럼에도 한 번 재밌게 해보시죠. 예나씨가 손대는 프로젝트는 분명 잘 될 줄 믿습니다."

예나 씨는 리더의 진정성 있는 말에 문제를 해결할 수 있다는 자신감을 얻었습니다. 리더와의 원온원 미팅은 단순한 업무 상담을 넘어, 그녀에게 심리적인 안정감과 강한 동기부여를 주었습니다.

며칠 후, 예나 씨는 리더의 조언을 바탕으로 고객에게 대안을 가지고 소통했습니다. 또 팀원들과 커뮤니케이션 비중을 늘리며 프로젝트를 성공적으로 진행해 나갔습니다. 원온원 미팅은 그녀에게 큰 힘이 되었습니다. 그리고 며칠 후 문제였던 상황들을 해결했습니다.

"팀장님! 팀장님 덕분에 이번 고객과의 소통을 잘 마무리할 수 있었습니다. 정말 감사합니다."

예나 씨는 주간미팅이 끝난 후 리더에게 감사의 인사를 전했습니다.

"예나 씨가 열심히 한 덕분이죠. 제가 감사한 것은 예나씨가 저와 집요하게 소통을 해주었다는 점입니다. 이런 커뮤니케이션은 절대 쉬운 일이 아니지요. 문제를 해결하고 싶은 사람만이 할 수 있는 적극적인 행동이에요. 예나 씨와 함께 일할 수 있는 제가 참 감사하네요."

리더는 따뜻한 미소로 답했습니다.

예나 씨는 리더의 진정성 있는 관심과 지원 덕분에 더욱 자신감 있게 새로운 도전을 이어 나갔습니다. 몇 달 후, 예나 씨는 회사의 중요한 마케팅 캠페인을 성공적으로 이끌었습니다. 그녀는 원온원 미팅에서 받은 피드백을 토대로 프로젝트 관리 능력을 키웠고, 팀원들과의 협력을 통해 목표를 초과 달성하는 경험도 했습니다. 예나 씨는 회사의 매출 상승에 기여한 공로를 인정받아 특별 보너스와 승진의 기회를 얻었습니다.

"원온원 미팅을 통해 리더와 소통하면서 저의 강점과 약점을 파악할 수 있었습니다. 또 일에 대한 의미와 프로젝트의 맥락을 알려주실 때 참 감사했습니다. 그 덕분에 지금 내가 하는 일을 통해 이 조직에 어떤 영향이 끼치는 구나를 생각하면서 일할 수 있었습니다. 제가 생각하지 못한 대안과 방향성을 얻게 되니 시야가 넓어졌습니다. 덕분에 더 효과적으로 일할 수 있었습니다. 무엇보다 성장한다는 느낌을 받으며 일할 수 있었습니다. 저의 노력에 대한 인정과 격려 덕분에 더 잘하고 싶은 욕구가 생겼습니다."

예나 씨는 원온원 미팅을 통해 프로젝트를 보다 주도적으로 이끌어가고 리더와의 대화를 통해 성장방향성을 점검 받을 수 있음에 큰 만족감을 느꼈습니다.

예나 씨의 이야기는 개별적 성과관리가 개인의 성장과 조직의 성공에 어떻게 기여하는지를 잘 보여줍니다. 개인의 성장을 중요시하는 지금의 MZ세대와 청년들에게, 개별적 성과관리는 필수입니다. 원온원 미팅을 통해 개별적 성과관리를 효과적으로 실현할 수 있습니다. 개개인에 대한 맞춤형 피드백과 인정은 구성원의 만족도와 자신감을 높일 수 있습니다. 이를 통해 우리는 더 나은 조직을 만들고, 함께 성장할 수 있습니다. 개별적 성과관리의 시대, 개인과 조직의 목표를 서로 얼라인하고 공감하는 것이 중요합니다. 그리고 문제가 생기면 적극적으로 소통하며 함께 해결해 나가야 합니다. 분명 이 과정에서 즐거움과 보람, 성장을 경험할 수 있을 것입니다.

과거에서 현재로, 성과관리의 변화

과거에는 성과관리가 주로 팀 단위로 이루어졌습니다. 대한민국 40대 이상의 직장인들은 일부 팀원이 성과를 내면 팀 전체가 좋은 평가를 받는 시대를 경험했습니다. 이는 집단적 성과관리로, 팀의 일부가 성과를 주도하면 나머지 팀원들도 그 혜택을 함께 누리는 방식이었습니다. 그러나 이런 방식은 팀원 개개인의 기여도를 정확히 평가하기 어려워, 성과를 내는 구성원들에게는 불공평하게 느껴지기도 했습니다.

지금은 디지털 전환과 기술 발전 덕분에 개별적인 성과를 정확히 측정할 수 있는 시대가 되었습니다. 직장 생활은 더 이상 팀 종목이 아닌 개인 종목처럼 변모하고 있습니다. 개개인의 기여와 성과를 명확히 파악하고, 이를 기반으로 공정하게 평가하는 것이 중요해졌습니다. 각 개인의 성과를 제대로 관리하지 않으면, 조직 전체의 성과도 기대하기 어렵게 되었습니다.

개별적 성과관리의 시대를 이해하기 위해 성과관리가 어떻게 발전되어 왔는지를 이해해야 합니다. 이는 성과관리의 철학과 그 방법을 이해하는 데 큰 도움이 될 것입니다.

테일러리즘과 포디즘 이야기로 시작해 보겠습니다. 1910년대 프레더릭 윈즐로 테일러는 테일러리즘이라고 불리는 과학적 관리법을 창시했습니다. 이는 노동자의 움직임과 작업 범위를 표준화하여 생산성을 극대화하는 방법으로, 제1차 경영 혁명으로 불립니다. 테일러리즘은 작업을 단순 단계로 구분하고 시간당 작업량을 측정함으로써 생산 효율을 높였지만, 인간을 기계로 보는 비인격적인 관점이 전제되어 있다는 비판을 받기도 했습니다.

포드 자동차의 창립자 헨리 포드는 포디즘을 도입하여, 컨베이어 벨트를 통한 대량 생산 체제를 구축했습니다. 이러한 혁신은 자동차 한 대당 소요되는 생산 시간을 획기적으로 단축했습니다. 그러나 포디즘 역시 인간성을 저해한다는 비판을 받았습니다. 초기 헨리 포드는 "내가 노동자의 손발을 고용했지, 그들의 마음을 고용한 것은 아니다."라고 말했지만, 후에 번복하며 인간 중심의 경영이 중요함을 인정했습니다.

이후 인간 중심의 경영과 MBO가 등장했습니다. 1954년, 현대 경영학의 아버지라 불리는 피터 드러커는 *Management by Objectives(MBO)*를 제안하며 경영의 본질을 재정의했습니다.

"경영은 기계를 섬기는 것이 아니라, 인간을 섬기는 것이다. 기업이 단순히 돈을 버는 기계가 아니라, 근로자의 신뢰와 존경을 기반으로 한 공동체가 되어야 한다."

1960년대 이후 미국 사회에는 테일러리즘과 포디즘을 넘어 기업의 중심을 사람에 두는 경영 방식이 자리 잡기 시작했습니다. 이제 기업은 정해진 방식으로만 일하는 것이 아니라, 인간의 창의노동과 지식노동이 필요하다는 인식을 갖게 되었습니다. MBO는 이러한 변화를 주도한 경영 모델로, 사람을 중심에 두고 각자의 목표를 설정하여 기업 전체의 성과를 높이는 방식이라고 할 수 있습니다.

MBO 모델은 조직의 목표와 개인의 목표를 일치시켜 성과를 관리함으로써, 기업의 실적을 높이는 것을 목적으로 합니다. 포디즘이 제조업과 육체노동에 집중하면서 생산성이 정체되고 인간이 기계로 대체되었습니다. 이에 따라 미국 사회에는 글로벌 시장 진출을 통한 원가 증가 및 고부가가치 경영의 필요성이 제기되었습니다. 이때 MBO를 적극적으로 채택한 기업들이 성과를 내며 미국 사회를 주도해 나갔습니다. 결과적으로 MBO는 고부가가치 경영의 핵심 모델로 자리 잡았습니다.

현재 대한민국 비즈니스 세계에는 MBO, KPI, OKR 등 다양한 성과관리 방법론이 제시되고 있습니다. 각각 장단점이 있지만 핵심은 모두가 한 방향을 보고 일할 수 있는 '도전적인 목표'와 '핵심 결과 지표'를 제시하는 것입니다. 또 집요한 대화와 협력을 통해 목표를 얼라인하여 조직 내 심리적 안정감을 형성하는 것을 목적으로 합니다.

그렇다면 현실은 어떨까요? 실제 여러 현장을 경험해 보니, 이런 문화를 가진 조직은 많지 않았습니다. 현대 조직의 성과관리 패러다임은 빠르게 변하고 있습니다. 그렇기에 패러다임의 변화를 캐치하는 것이 중요합니다. 오늘날 기업들은 개별적 성과관리를 필수로 하는 시대에서 비즈니스를 하고 있습니다. 과거에는 집단적 성과관리가 주를 이루었지만, 이제는 각 개인의 성과를 세밀하게 평가하고, 이를 통해 조직 전체의 성과를 극대화하는 방향으로 나아가야 합니다.

개별적 성과관리의 필요성

현대 조직에서 개별적 성과관리가 중요한 이유는 크게 두가지가 있습니다.

1 첫째, 고용 시장의 변화입니다. MZ 시대를 살아가는 직장인은 피드백과 성장을 중요시하며, 조직에서의 개인화된 경험을 기대합니다. 이들은 획일적인 평가보다는 자신만의 목표와 커리어에 대한 명확한 이해와 지지를 원합니다.

2 둘째, 심리적 계약의 변화입니다. 심리적 계약은 고용주와 직원 간의 비공식적인 기대와 의무를 의미합니다. 연구에 따르면, 직원들은 더 이상 조직에게 보상과 안정성만을 기대하지 않습니다. 그들은 자신의 성장을 지원하고, 자신의 성과를 인정하며, 진정으로 자신을 이해하는 조직문화를 바랍니다.

과거에는 100명, 1,000명이라는 대규모 인력을 관리할 때, 개별적 성과관리가 필요 없다고 여겨졌습니다. 각 팀이 일정 성과를 내면 된다는 집단적 성과관리 방식이 일반적이었습니다. 그러나 팀 내 각 구성원의 성과 기여도가 다르고, 가중치와 난이도 부여가 애매해지면서 공정성에 대한 문제가 제기되었습니다. 이러한 이유로 이제는 집단적 성과관리보다 개별적 성과관리가 더 중요해졌습니다. 개별적 성과관리는 각 개인에게 집중하여 그들의 능력을 최대한 발휘할 수 있도록 돕는 것입니다. 이를 위해서는 대화와 협력이 중요합니다. 관리자는 구성원들이 필요한 것을 코칭 해주고, 그들이 자유롭게 의견을 말할 수 있는 환경을 조성해야 합니다. 이는 심리적 안정감을 제공하고, 공정한 평가를 하기 위함입니다.

정말 많은 기업이 성과를 향한 도전을 마주하고 있습니다. 컨설팅 현장에 서 있다 보면, 코칭과 리더십 교육의 필요성을 절감합니다. 리더는 구성원들에게 어떻게 접근해야 하는지 배우고, 구성원들을 성장시킬 수 있는 코칭 기술을 익혀야 합니다. 소규모 회사에서는 코칭 기술을 습득하기 어렵지만, 사업이 성장함에 따라 전문 코칭 전문가에게 배우거나 코칭 교육을 받는 것이 필요합니다. 무엇보다 중요한 것은 조직이 너무 커지기 전에 대화와 협력을 이끌 수 있는 코칭 학습과 실습을 지금부터 시작하는 것입니다.

원온원 미팅의 필요성

개별적 성과관리를 위해서는 원온원 미팅이 중요합니다. 원온원 미팅은 리더와 부하 직원 간의 일대일 미팅으로, 업무에 대한 진도와 장애물을 파악하고, 필요한 지원을 제공하는 시간입니다. 원온원 미팅은 개별적 성과관리를 위한 핵심 도구입니다. 원온원 미팅을 통해 관리자는 직원의 발전을 도울 수 있으며, 직원은 자신의 업무에 대한 명확한 피드백과 지지를 받을 수 있습니다. 개별적 성과관리의 시대에 발맞춰, 원온원 미팅은 조직이 직면한 다양한 도전과제를 효과적으로 해결할 수 있는 강력한 도구로 자리 잡고 있습니다. 단순히 성과를 평가하는 수단이 아닌, 직원의 성장과 동기 부여, 조직의 성공을 이끄는 핵심 요소로 작용합니다.

기술의 발달과 함께 원격 근무 및 디지털 협업이 늘어나면서, 원온원 미팅의 중요성은 더욱 커졌습니다. 특히 코로나19 팬데믹 이후 비대면 업무와 소통의 중요성이 강조되면서, 원온원 미팅은 조직의 성과 향상과 업무 효율성 제고를 위한 중요한 수단으로 부상했습니다. 조직은 원온원을 통해 업무 목표를 명확히 하고, 직원의 성장과 발전을 지원하며, 업무 효율성과 직원 만족도를 높일 수 있습니다. 원온원 미팅은 결국 코칭 미팅으로, 직원들이 최선을 다해 업무에 임하도록 돕는 중요한 과정입니다.

개별적 성과관리의 시대는 개인의 성과를 평가하는 것을 넘어, 각 개인의 성장을 도모하고 조직 전체의 성과를 극대화하는 방향으로 나아가고 있습니다. 이를 위해 대화와 협력을 기반으로 한 코칭이 필요하며, 원온원 미팅이 곧 대화와 협력에 기반한 코칭이라고 할 수 있습니다. 이제 개별적 성과관리는 조직의 성장과 영속성에 필수불가결한 요소입니다.

원온원 미팅은 개별적 성과 관리의 핵심 도구로서 여러 가지 장점을 제공합니다.

1 첫째, 직원의 동기 부여와 참여를 촉진합니다. 연구에 따르면, 정기적인 원온원 미팅을 통해 피드백을 받은 직원들은 그렇지 않은 직원들에 비해 업무 만족도가 높고, 이직률이 낮은 것으로 나타났습니다.

2 둘째, 원온원 미팅은 개인 맞춤형 피드백을 제공할 수 있는 기회의 장입니다. 특히 직원의 강점과 약점을 파악하고, 개인의 목표에 맞춘 발전 계획을 수립하는 데 매우 유용합니다. 또한, 신뢰 구축과 커뮤니케이션 활성화에 기여하여 조직 내 투명성과 협업 문화를 증진합니다.

3 셋째, 원온원 미팅은 문제 해결의 장을 마련합니다. 직원들은 개인적으로 겪는 어려움이나 불만 사항을 솔직하게 이야기할 수 있으며, 관리자는 이를 신속히 파악하고 대응할 수 있습니다. 이는 조직 내 갈등을 줄이고, 업무 효율성을 높이는 데 중요한 역할을 합니다.

성공적인 원온원 미팅을 위한 전략

성공적인 원온원 미팅을 위해서는 몇 가지 전략이 필요합니다.

1 첫째, 정기성입니다. 원온원 미팅은 일회성 이벤트가 아닌, 정기적으로 이루어져야 합니다. 주간, 격주 또는 월간 단위로 일정을 고정하여 꾸준히 진행하는 것이 중요합니다. 일정을 미리 잡아 두어야만 당장의 우선순위에 밀리지 않을 수 있습니다. 가인지컨설팅그룹은 컨설팅 현장에서 그룹웨어 캘린더나 구글 캘린더를 활용하여, 한 달 전부터 원온원 미팅을 위해 대상, 장소, 일시를 세팅해두고 있습니다.

2 둘째, 사전 준비입니다. 관리자와 직원 모두 원온원 미팅 전에 준비를 철저히 해야 합니다. 논의 주제와 목표, 필요 자료 등을 사전에 준비함으로써 미팅의 효율성을 높일 수 있습니다. 원온원 미팅을 하기 전에, 구성원은 리더에게 원온원 미팅의 주제를 미리 공유해야 합니다. 필요할 경우 해당 월의 성과, 타인에게 기여한 점, 성장을 위한 학습 내용, 지원 요청 사항 등을 공유할 수도 있습니다. 가인지컨설팅그룹에서는 '골든 미팅 카드'라는 원온원 미팅 카드를 제공하고 있습니다. 미팅 전 그달의 성과와 기여, 학습한 지식 등을 미리 카드 형태로 작성하여 원온원을 준비합니다. 이렇게 원온원 내용을 시각화하여 준비한다면, 보다 의미 있고 효율적인 원온원을 할 수 있습니다.

3 셋째, 개방적 커뮤니케이션입니다. 원온원 미팅은 상하 관계를 떠나 열린 마음으로 소통하는 것이 중요합니다. 관리자와 직원 모두 자신의 생각을 있는 그대로 표현하고, 상대방의 의견을 존중하는 자세가 필요합니다. 즉, 심리적 안정감이 중요합니다. 다만 리더와 구성원 간에 성공적인 대화 경험이 적을수록 심리적 안정감을 느끼기란 쉽지 않습니다. 소통의 핵심은 관찰과 관심, 진정성입니다. 다양한 원온원 스킬이 있습니다. 그러나 무엇보다

중요한 것은 상대방의 성장을 위해 함께 고민하고 도와주어야 한다는 것입니다. 원온원 커뮤니케이션의 모든 해답은 진정성에서 찾을 수 있습니다.

이제 개별적 성과관리는 선택이 아니라 필수입니다. 개별적인 성과 측정을 통해 각 개인의 기여를 명확히 파악하고, 그들의 성장을 지원하는 것이 중요합니다. 특히 공정한 평가와 맞춤형 피드백을 제공하여 직원들의 만족도와 동기부여를 높여야 합니다. 원온원 미팅의 중요성을 인지하고, 이를 조직 문화의 일환으로 정착시키는 것은 미래 지향적인 리더십의 필수 요건입니다. 지금은 모든 구성원에게 진정성 있는 관심과 지지를 제공하여, 보다 강력하고 유연한 조직을 만들어 나가야 할 때입니다. 최신 연구와 실천 사례들이 이를 뒷받침하고 있으며, 그 효과는 점차 극대화될 것입니다.

이 책은 원온원 미팅을 단순히 리더만을 위한 미팅으로 간주하지 않습니다. 구성원이 리더에게 적극적으로 원온원 미팅을 신청하여 목표를 일치시키고 달성해내는 집요한 커뮤니케이션이 필요합니다. 성과를 내는 조직의 특징은 성장 마인드셋과 심리적 안정감, 그리고 대화와 협력의 의지를 갖추는 것입니다. 다음 챕터들의 내용을 통해 개별적 성과관리에 새로운 패러다임을 익혀보시길 바랍니다.

02

인력은 관리하고 인재는 관계를 맺는다

부모님 세대의 직장을 상상해 봅시다. 직장인들은 주어진 일을 정확히 수행하고, 리더로부터 지시를 받으며, 그 지시에 따라 일하는 것이 당연시되었습니다. 모든 것이 정해진 틀 안에서 이루어졌고, 직원들은 말 그대로 '인력'으로 취급되었습니다. 대규모 제조업 회사에서 일하는 직원은 주어진 업무를 반복적으로 수행하며 큰 변화 없이 하루하루를 보냈습니다. 일종의 톱니바퀴처럼 느꼈을 겁니다.

하지만 이제는 달라졌습니다. 현대의 직장은 직원을 '인재'로 바라보고, 그들과의 관계를 맺는 것을 중요하게 생각합니다. 단순히 일을 시키고 끝나는 것이 아니라, 직원이 자신의 역량을 발휘할 수 있도록 돕고 그들과 함께 성장하는 것을 추구하고 있습니다.

지민 씨의 이야기를 통해 인재는 관계를 맺어간다는 것이 무엇인지 살펴봅시다.

지민 씨는 어느 대기업에서 일하는 27세의 마케터입니다. 대학을 졸업하고 직장에 입사한 지 3년째, 그는 여전히 회사에서 자신의 자리를 찾고자 노력하고 있습니다. 그러나 매일 반복되는 업무와 리더의 일방적인 지시 속에서, 지민 씨는 점점 자신을 단순한 '인력'이라 생각하게 되었습니다.

그러던 어느 날, 지민 씨의 팀에 새로운 팀장이 부임했습니다. 이 팀장은 첫날부터 팀원들에게 "여러분, 저는 여러분을 인력으로 보지 않습니다. 인재로 볼 겁니다. 그렇기 때문에 우리의 소통은 정기적이고 수평적이어야 합니다. 저는 그렇게 좋은 사람은 아닙니다. 많이 부족한 사람입니다. 그렇기에 있는 그대로 솔직하게 소통하고 여러분의 현재상황과 목표에 대해서 집요하게 소통해 가기를 원합니다. 그것이 제 역할이고 제가 성과를 내는 방법입니다. 한 달에 한 번은 정기적인 원온원 미팅을 시작할 겁니다. 이 시간을 통해 여러분의 이야기를 듣고 싶습니다."라고 말했습니다. 지민 씨는 그 말이 단순한 형식적인 발언이 아닐까 의심했지만, 그렇지 않다는 것을 첫 원온원 미팅에서 느꼈습니다.

첫 원온원 미팅 날이었습니다. 팀장은 지민 씨에게 "지민 씨, 반갑습니다. 우리 첫 원온원 미팅이지요? 이 시간이 어색할 수 있지만 우리에게 이 시간이 가치있고 의미있는 시간이 되기를 진심으로 원합니다. 그렇게 되기 위해서는 저의 노력도 필요하지만 지민씨의 노력도 더해지면 더욱 좋을 것 같습니다. 현재 지민씨가 갖고 있는 프로젝트에 대해서 먼저 나눠보면 좋겠습니다." 라고 말했습니다. 지민 씨는 처음으로 리더가 자신의 일에 대해서 진심으로 관심을 같는 것 같아 놀랐습니다.

팀장은 이어서 구글의 '20% 시간' 정책 이야기를 해주었습니다.

"구글에서는 직원들이 자신의 열정을 쏟을 수 있는 프로젝트에 20%의 시간을 투자할 수 있도록 하고 있어요. 이 정책 덕분에 Gmail, AdSense 같은 혁신적인 제품들이 나왔죠. 우리 팀 안에서도 20%의 시간을 투자할 만한 각자의 프로젝트를 고민해보고 적극적으로 제안해주면 좋겠습니다. 지민씨는 대화해 보니까 아이디어가 많은 사람인 것 같아요. 분명 재밌는 프로젝트를 기획해볼 수 있다고 생각합니다."

지민 씨는 이 제안에 매우 흥미를 느꼈습니다. 무엇보다 팀장님이 형식적으로 이야기하는 것이 아니라 진심으로 말하는 것이 느껴져서 더욱 흥미가 생겼습니다. 그는 평소에 관심 있었던 소셜 미디어 마케팅 캠페인 아이디어를 떠올렸고, 이 프로젝트를 진행해 보기로 했습니다.

한 달 후, 지민 씨는 자신이 주도한 소셜 미디어 마케팅 캠페인을 팀장님에게 공유했습니다. 팀장님은 그 캠페인을 작게부터 실행해볼 수 있도록 인력과 예산을 지원해주었고 한 달 뒤 크지는 않았지만 예상치 못한 성과를 두 눈으로 확인할 수 있었습니다. 팀장은 지민씨의 성과를 함께 기뻐해주며 인정과 격려를 아끼지 않았습니다. 지민 씨는 이때 회사생활에서 처음으로 작은 성공경험을 경험했습니다. 처음 느껴보는 보람과 성취, 효능감이었습니다. 지민 씨는 단순히 업무를 수행하는 '인력'이 아닌, 자신만의 창의성을 발휘하여 성과를 만드는 '인재'로서 인정받는 기분이었습니다.

지민 씨의 팀장은 그에게 "지민 씨, 작은 성공경험은 너무나도 중요합니다. 이번에 냈던 성과를 기억하며 새로운 목표를 수립해보면 좋겠습니다. 그리고 다양한 전략과 적극적 실행을 통해 다양한 성과를 만들어 가보세요. 저에게도 회사에게도 지민 씨 같은 인재가 필요합니다."라고 말했습니다.

지민 씨는 처음으로 회사에서 자신의 가치를 인정받고 있다는 기분이 들었습니다.

지민 씨의 이야기는 리더와 팀원의 좋은 관계가 이어져 뛰어난 성과를 만들어가는 과정을 잘 보여줍니다. 오늘날의 직장은 과거와 많이 달라졌습니다. 단순히 업무를 지시하고 결과를 받는 전통적인 관리 방식은 이제 더 이상 유효하지 않습니다. 변화하는 시대에 발맞춰, 이제는 '인력'을 '인재'로 바라보는 관점을 장착할 때입니다.

과거에는 대부분의 기업이 직원을 '인력'으로 취급하며, 어떻게 관리할지에 중점을 두었습니다. 이러한 방식은 조직의 효율성을 높이고 생산성을 극대화했지만, 결과적으로 직원들을 기계의 한 부품으로 만들었습니다.

대표적으로 프레드릭 윈슬로 테일러의 과학적 관리법은 업무의 효율성을 위해 사람을 하나의 자원으로 바라보는 시각을 강조했습니다.

반면 현대에 들어서면서, 기업은 직원을 '인재'로 보고 그들과의 관계를 맺는 것을 중요시하고 있습니다. 갤럽Gallup의 연구에 따르면, 직원의 참여도가 높은 기업은 그렇지 않은 기업에 비해 생산성이 17%, 고객 만족도가 10%, 수익성이 21% 더 높습니다. 이는 직원들이 회사와 강한 유대감을 느끼고 자신의 역량을 최대한 발휘할 수 있는 환경이 조성될 때, 조직 전체의 성과가 향상된다는 것을 보여줍니다.

현대 경영학에서는 직원들과의 관계가 성과에 직접적인 영향을 미친다고 강조합니다. 하버드 비즈니스 리뷰Harvard Business Review에 실린 한 연구에서는 직원들이 리더와 긍정적인 관계를 맺고 있을 때, 업무 만족도와 생산성이 현저히 높아진다는 결과가 나왔습니다. 리더가 직원의 성장을 돕고, 그들의 의견을 존중하며 경청할 때, 직원들은 자신의 일에 더 큰 의미를 부여하고 조직에 대한 충성도가 높아집니다.

'인력'으로서 관리받는 것과 '인재'로서 관계를 맺는 것은 큰 차이가 있습니다. 이제, 자신이 단순한 인력에서 벗어나 인재로 성장할 수 있는 방법을 찾아보면 좋겠습니다. 지민 씨의 이야기를 통해 알 수 있듯이, 리더와의 관계를 개선하고 자신의 열정을 발휘하는 것이 중요합니다. 그 결과는 놀라울 정도로 긍정적일 것입니다. **당신도 할 수 있습니다!**

03
제가 리더를 관리한다고요? 매니지업의 등장

매니지업Manage Up이라는 용어를 기억하시면 좋겠습니다. 개별적 성과관리 시대에서 빼놓을 수 없는 용어가 등장했습니다. 매니지업은 리더를 관리하는 것입니다. 리더를 관리한다는 말이 어색하게 들릴 수 있지만 이는 리더가 팀원의 업무를 지원하고, 더 나은 결정을 내릴 수 있도록 도와주는 과정입니다. 즉, 리더가 더 나은 리더가 될 수 있도록 돕는 것을 의미합니다. 리더들이 직면하는 주된 고민 중 하나는 부하 직원을 어떻게 효과적으로 도울 수 있을지입니다. 이 고민을 해결하는 가장 효과적인 방법은 직원들이 스스로 필요한 정보를 사전에 제공하여 리더가 더 나은 의사 결정을 내릴 수 있도록 돕는 것입니다.

필자는 매니지업이 가능해지려면 리더와 구성원간의 신뢰가 무척이나 중요하다고 생각합니다. 퇴근 후 리더에게 갑작스러운 업무 요청을 받았을 때 2가지의 반응이 있습니다. 첫번째는 '아..뭐야..퇴근했는데 매너도 없네..'

라고 바로 부정적으로 반응할 수 있고 두번째 반응으로는 '아..정말 급하신 일인가 보네..' 라고 리더의 마음을 헤아려 볼 수도 있다고 생각합니다. 필자 또한 위에 상황이라면 첫번째 반응이 나올 때도 있지만 정말 신기한 건 리더가 어떤 분인가에 따라 두번째 반응도 나올 수 있다는 것입니다. 이것이 업무적 친밀감으로서 신뢰가 형성되어 있을 때 나오는 반응입니다.

필자는 성공적인 매니지업을 이렇게 표현하고 싶습니다.

'리더를 관리하는 것을 넘어 리더를 성공시키는 것'

나의 리더가 성공했다는 것은 상위 리더의 의도와 기대를 충족시켰으며 우리 팀의 목표가 달성되었다는 것을 의미하기 때문에 그렇습니다. 리더가 성공하기 위해서는 구성원 한 명 한 명이 목표에 얼라인 되어야 하며 각 영역에서 성과가 나와야 합니다. 그렇게 때문에 지향점을 우리의 리더를 성공시키겠다 라는 스피릿을 같고 일하는 것입니다. 그 결과가 리더의 성공 이겠지요.

매니지업 문화가 발달한 실리콘밸리에서는, 이미 많은 기업이 매니지업을 적극적으로 활용하고 있습니다. 그렇기 때문에 실리콘밸리에 많은 기업들이 비즈니스 필드를 선도하고 있다고 생각합니다. 그들의 조직문화와 커뮤니케이션 방식에서 배울 점이 있습니다. 실제 대한민국 현장에서 매니지업을 잘 하는 구성원분들이 있습니다. 이런 분들을 현장에서 만날 때마다 열정을 느낍니다. 이분들의 특징은 공동의 목표를 이해하고 공감하며 이를 달성하기 위해 적극적으로 리더와 소통하는 의지를 보여준다는 것이었습니다.

리더와의 소통에서 중요한 요소 중 하나는 정보를 투명하게 공유하는 것입니다. 리더에게 미리 조금씩 정보를 공유하는 것은 매우 중요합니다.

직급이 높을수록 실무 영역의 중요한 정보를 놓칠 수 있기 때문에, 현실적인 실무 정보를 제공하여 리더의 의사결정에 필요한 자료를 지원해야 합니다. 이로써 리더는 예측 가능한 환경에서 더 효과적으로 일할 수 있습니다.

뿐만 아니라 목표를 달성하기 위해 리더의 기대와 의도를 파악하고 건설적인 피드백을 요청하는 것은 매우 중요합니다. 이는 업무의 지시자와 실행자간의 생각의 핏을 맞추는 아주 중요한 소통입니다. 이를 통해 업무지시자는 원하는 결과물을 얻을 수 있고 업무 실행자는 일을 두 번, 세 번하는 시간의 허비를 줄일 수 있습니다. 공동의 목표를 달성하기 위해서는 적극적인 소통이 필요합니다.

그래서 매니지업을 실천하기 위한 질문 리스트들을 준비했습니다. 이 질문들은 리더의 기대와 의도를 파악하기 아주 유용한 질문들입니다. 성공적인 매니지업을 위해서 다음과 같은 질문을 활용할 수 있습니다.

매니지업을 실천하기 위한 질문 리스트

1	이번 분기 우리 팀의 우선순위 목표가 무엇인지 궁금합니다.
2	이번 달에 저에게 기대하시는 역할과 목표는 무엇인지 궁금합니다.
3	저에게 주실 피드백이 있습니까?
4	이 프로젝트에서 기대하시는 것은 무엇입니까?
5	제가 진행 중인 업무의 방향성이 올바른지 궁금합니다.
6	제가 내린 의사결정이 맞는지 궁금합니다.
7	이번 프로젝트에서 저의 역할에 대한 피드백을 주실 수 있을지요.
8	제가 성장을 위해 무엇을 개선하면 좋을 지 궁금합니다.
9	특정 문제를 해결하는 데 있어 조언을 구하고 싶습니다.
10	현재 상황에 대한 최신 정보를 공유해 드리고 싶습니다.
11	다음 회의에서 논의할 주요 안건을 미리 알려드리고 싶습니다.
12	제가 맡은 역할에서 더 잘할 수 있는 조언을 주신다면 무엇입니까?
13	우리 팀의 성과를 향상하기 위해 제가 기여할 수 있는 부분은 무엇입니까?
14	제가 성장하는데 필요한 피드백, 정보, 교육 등을 알고 싶습니다.

구성원이 매니지업을 공감하고 실천하도록 독려하는 것이 필요합니다. 물론 우리나라 문화에서는 매니지업이 다소 이질적으로 느껴질 수 있습니다. 그렇지만 배려와 도움이라는 긍정적인 측면을 시작점으로 삼는다면 충분히 가능하다고 생각합니다. 리더들이 먼저 매니지업을 오픈하도록 독려하는 문화를 만들어 나가야 합니다.

매니지업의 중요성을 조금 더 구체적으로 나누기 위해 이야기를 하나 준비했습니다. 현지 씨의 이야기를 통해 매니지업의 이해와 공감을 더욱 높여보기 바랍니다.

현지 씨는 판교에 위치한 한 스타트업에서 일하는 27세의 소프트웨어 엔지니어입니다. 그녀는 기술적으로 뛰어난 팀장과 함께 일하고 있었지만, 팀장은 관리 능력이 부족해 팀 운영에 어려움을 겪고 있었습니다. 프로젝트 기한은 자주 지연되었고, 지연될 때마다 팀원들의 탓으로 돌리는 등 부정적인 소통이 이루어지는 모습이 잦았습니다. 현지 씨는 이 상황을 더 이상 방치할 수 없다고 생각하여 매니지업을 해보기로 결심했습니다.

현지 씨는 팀장의 행동들을 직접 지적하기보다는 스스로 깨달을 수 있도록 신중하게 소통했습니다.

현지 팀장님, 캘린더를 확인해 봤는데 오후 3시에 일정이 괜찮으시더라구요. 혹 제가 원온원 미팅을 30분만 신청해도 되겠습니까?
팀장 아, 네. 현지씨 그렇게 하시지요. 무슨 일이 있으신가요?
현지 아 큰일은 아닙니다. 팀장님과 프로젝트 관련해서 꼭 나누고 싶은 내용이 있어서 오늘 일정을 잡고 싶었습니다.
팀장 네 좋습니다. 일정 잡아주시고 3시에 뵙지요.

현지씨는 먼저 원온원 미팅을 잡고 어떻게 팀장님에게 피드백을 드릴지 고민했습니다. 그리고 오후 3시가 되어 팀장님을 만났습니다

현지 팀장님, 어제 늦게까지 남아서 야근하시던 것 같던데요. 정말 수고 많으십니다. 팀장님과 프로젝트를 함께 하면서 기술적 역량을 기를 수 있음에 참 감사합니다.
팀장 아, 그런가요? 그렇게 말해줘서 고맙습니다. 현지씨도 수고 많아요. 잘하고 있습니다.
현지 팀장님 덕분입니다. 팀장님, 이렇게 원온원 미팅을 신청한 이유가 있습니다. 조심스럽지만 지난번 프로젝트 때 일정이 지연된 원인을 한번 분석해 보면 어떨까 합니다. 팀원들마다 일정이 조금씩 지연되고 이 상황이 전체 프로젝트에 영향을 미쳤던 것 같습니다. 제가 관찰하기에는 분주함 속에서 의사소통으로 인해 오해가 생긴 부분들이 있었던 것 같습니다. 혹시 우리가 주간 회의 때 각자의 진행 상황을 정기적으로 공유하는 시간을 가지면 어떨까 했습니다. 또 팀 내에서 자료를 공유할 수 시스템을 만들면 어떨까 하는 생각도 해보았습니다. 팀장님께 먼저 공유드리고 조언을 듣고 싶어서 이렇게 원온원 미팅을 신청하게 되었습니다.

현지 씨의 제안을 들은 팀장은 처음에는 놀랐지만, 곧 그녀의 진심을 느꼈습니다. 팀장은 잠시 생각에 잠기더니 고개를 끄덕였습니다.

팀장 현지씨 이야기를 들으니 제가 뭔가 많이 놓치고 있었던 것 같네요.. 제 의사소통 능력이 부족했음을 느낍니다. 현지씨가 말해주신 것처럼 주간 회의 때 정보공유의 시간을 갖고 자료도 공유할 수 있는 시스템을 만들어봅시다. 먼저 이렇게 말해주니 고맙네요.

현지 씨는 미소를 지으며 덧붙였습니다.

현지 네, 팀장님. 그리고 제가 먼저 자료 공유 시스템을 준비해 보겠습니다. 진행하면서 팀장님께 피드백도 요청 드리고 조언도 듣겠습니다

팀장은 그녀의 적극적인 제안에 감사함을 느끼며, 이를 통해 자신의 실수와 부족했던 부분을 교정하는 기회를 얻었습니다. 현지 씨의 매니지업 덕분에, 팀의 방향성이 올바른 방향으로 조정될 수 있었습니다.

이후, 팀장은 자신의 실수를 인정하고 이를 개선하기 위해 노력했습니다. 주간 회의를 도입하면서 팀원들 간의 소통은 원활해졌고, 프로젝트의 진행 상황도 크게 진전되었습니다. 팀장은 주간 회의를 통해 각 팀원의 역할과 책임을 명확히 하고, 의사소통의 문제를 해결하기 위해 적극적으로 노력했습니다.

매니지업은 단순히 리더를 관리하는 것이 아닙니다. 이는 리더와의 관계를 개선하고, 팀 전체의 성과를 향상하는 강력한 도구입니다. 이를 실천하기 위해 다음의 방안을 고려해 보길 바랍니다. 먼저 리더에게 원온원 미팅을 제안하는 것입니다. 리더에게 먼저 미팅을 제안한다는 것이 부담스럽게 느껴질 수 있습니다. 그럼에도 첫 스텝을 떼어보기 바랍니다. 차분하고 담백한 말투로 이렇게 이야기 해보십시오. '팀장님, 이번 프로젝트 진행 건에서 팀장님에게 나누고 싶은 내용이 있습니다. 혹 원온원 미팅을 제가 요청드려도 될지요?' 이후 일정과 장소를 사전에 소통합니다. 이 미팅에서 솔직하게 팀의 상황과 문제점을 논의하며 함께 해결 방안을 모색하는 것이 중요합니다. 이때 예의와 존중의 태도를 취하며 있는 그대로의 사실을 중심으로 리더에게 긍정적인 피드백을 제공하는 것이 중요합니다.

피드백은 리더, 구성원 상관없이 누구에게나 긴장이 되는 소통입니다. 다만 신뢰와 용기를 갖고 우리의 목표를 달성하기 위해서 나누는 가치있는 이야기로 풀어나가시기 바랍니다. 리더의 실수나 오류를 지적하기보다는 이를 해결할 방안을 제안하며, 리더가 자신의 실수를 인정하고 개선할 수 있도록 돕는 것이 필요합니다. 관계중심의 문화 속에서 리더가 팔로워에게 피드백하는 것은 익숙하나 팔로워가 리더에게 피드백하는 문화는 어색하게 여겨질 수 있습니다. 하지만 리더와 팔로워의 시대는 끝났습니다.

이제는 동료의 시대가 왔습니다. 신뢰와 용기, 예의와 존중을 기반으로 상호간에 피드백을 해가시기 바랍니다.

피드백의 목적은 상대방을 이기는 것이 아닌 상대방의 마음을 얻는데 있습니다. 피드백 뿐만 아니라 인정과 격려, 관심을 갖고 인격적인 소통을 이어가시기 바랍니다. 이것이 매니지업의 요소들입니다.

이제 매니지업은 팀원이 갖추어야 할 필수 전략이 되었습니다. 현지 씨의 이야기를 통해 알 수 있듯이, 매니지업은 팀의 성과를 향상하고 당신을 인정받는 직장인으로 만들어줄 것입니다. 지금 당장 원온원을 시작하고 매니지업을 실천해 보십시오.

'성과'와 '인정' 두 마리 토끼를 모두 잡을 수 있습니다.

2부

회사에서
일을 열심히 하는데
인정은 못받고 있다면?

성공적인 직장 생활을 위해서는 업무 능력뿐만 아니라 효과적인 대화 기술이 필요합니다. 특히 매니지업Manage Up을 잘하기 위해서는 상대를 어떻게 인정하고 격려할지 익히는 것이 중요합니다. 팀 내 우호적인 관계가 목표를 달성하는 데 큰 도움이 되기 때문입니다. 우리나라는 관계 중심의 문화, 서열 중심의 리더십이 자리 잡고 있기 때문에, 팀원이 리더를 인정하고 격려하는 것에 익숙하지 않습니다. 그러나 이제는 성장 중심의 리더십이 필요한 시대가 왔습니다. 구성원이 리더를 Bottom-Up 하여 인정하고 격려함으로써, 함께 협력하고 목표를 달성해 나가야 합니다.

데일 카네기Dale Carnegie는 직장 생활에서 인간관계 훈련이 필요하다고 강조했습니다. 그는 20세기 초반부터 중반까지 활동한 미국의 저자이자 강연자로, 그의 저서 "How to Win Friends and Influence People" 한국어 번역 제목: "인간관계론"은 인간관계에 대한 고전적인 명저로 손꼽힙니다. 카네기는 성공의 핵심을 서로 이해하고, 신뢰하고, 협력하는 것으로 파악했습니다. 그는 "성공의 85%는 인간관계에서 비롯된다."라고 언급하며, 인간관계가 직장 생활과 개인의 삶에서 얼마나 중요한지를 피력했습니다.

특히 카네기는 상대의 입장에서 생각하고, 그들의 감정과 욕구를 이해하는 것이 중요하다고 역설했습니다. 이는 현재까지 적용되는 기본 원칙으로, 리더와의 관계에서도 생각해야 할 자세입니다. 대한민국의 Top-Down 문화에서도 마찬가지입니다. 좋은 인간관계는 팀의 협력과 효율성을 증진하고 더 나은 성과를 이끌어냅니다.

"자신의 능력을 인정받고 싶어 하는 욕구는 사람의 가장 기본적인 감정 중 하나이다"

이러한 카네기의 말은 직장 생활에서도 적용됩니다. 팀원뿐 아니라 리더도 자신의 능력을 인정받고 싶은 욕구를 가지고 있기 때문입니다. 매니지업은 리더가 필요로 하는 것을 이해하고, 그들이 목표를 달성할 수 있도록 리더와의 관계를 관리하는 기술입니다. 이때 팀원의 말은 리더를 인정하고 신뢰하는 것에 기반합니다. 따라서 매니지업은 리더의 요구를 수동적으로 따르는 것이 아니라, 적극적으로 리더를 인정하고 그의 성공을 도모함으로써 팀 전체의 성공을 촉진하는 것을 의미합니다.

매니지업은 팀원이 리더의 업무와 결정을 지원하고 도와주는 전략적 접근입니다. 팀원이 리더의 입장에서 생각하고 그의 목표를 이해한다면, 더 깊은 신뢰를 구축하고, 더 나은 업무 환경을 만들 수 있습니다. 이제는 리더가 팀원을 관리하는 시대가 아니라 서로 관계를 맺어가는 시대입니다.

지금부터 직장에서 인정받는 사람들의 대화 기술을 소개하겠습니다. 구체적인 사례를 보며, 칭찬과 격려를 표현하는 방법을 익히고 실제 현장에 적용해 보기를 바랍니다.

04

리더가 내 성장을 돕게하고 싶다면? '이렇게' 말해보세요

> **❝**
> **호기심이 담긴 질문과 배움을 요청해 보십시오**
>
> 이거 어떻게 하신 겁니까? 저도 알려주시면 좋겠습니다. 저도 배우고 싶습니다.

김 본부장은 이번 프로젝트에서 뛰어난 결과를 만들었습니다. 박 대리는 "본부장님, 이번 프로젝트 최고였습니다."라고 말하는 대신 "본부장님, 이번 프로젝트에서 사용하는 새로운 마케팅 전략 정말 대박입니다! 어떻게 생각해 내신 겁니까? 저도 본부장님께 마케팅 전략구상에 대한 노하우를 배우고 싶습니다"라고 질문했습니다. 그 순간, 김 본부장은 자신의 아이디어와 노력에 대해 인정과 관심을 받은 것 같아 더욱 기분이 좋았습니다. 인정과 격려를 할 때, 질문을 통해 관심을 표현하는 것이 효과적입니다. "이거 어떻게 한 거야?"라는 식의 질문은 상대방에게 자신의 퍼포먼스에 대해 큰 관심을 받고 있다는 느낌을 줍니다. 단순히 잘했다고 말하는 것보다 상대방을 더욱 으쓱하게 만들 수 있습니다. 핵심은 재능에 칭찬하는 것이 아닌 노력에 칭찬하는 것입니다. 그리고 질문은 호기심이 담긴 관심의 표현입니다. 이제 상대방의 노력에 관심을 두고 표현해 보십시오.

"이거 어떻게 하신 겁니까?", "이거 어떻게 한 거예요?"

그리고 배움을 요청하는 한 문장을 더 붙여 보십시오.

"저도 알려주실 수 있을까요?, 저도 배우고 싶습니다."

긍정적 표상을 먼저 표현하고
이후 상징성 있는 비유를 통해 관심을 표현해 보십시오

> 팀장님, 나침반처럼 방향을 제시해주는 리더가 중요하다고 하더라구요.
> 그런데 팀장님을 떠올려보니 나침반 같은 리더이셨습니다.
> 늘 좋은 방향을 제시해주셔서 감사합니다

프로젝트 회의 도중, 팀원들은 예상치 못한 문제에 직면했습니다. 모두가 당황할 때, 이 팀장은 침착하게 문제를 분석하여 해결책을 제시했습니다. 회의가 끝난 후, 팀원 중 한 명이 이 팀장에게 다가와 말했습니다. "팀장님 정말 대단하세요. 제가 어제 책에서 봤는데, 훌륭한 리더는 문제를 해결하는 엔지니어같은 사람이라고 적혀 있었습니다. 딱 팀장님이 그 엔지니어 같으십니다. 항상 함께 문제를 해결해주셔서 감사합니다." 이 팀장은 크게 웃으며 팀원의 말에 고마움을 느꼈습니다. 이처럼 비유를 통한 인정은 일을 잘했다는 말보다 훨씬 더 큰 감동을 줄 수 있습니다.

상대를 인정할 때 긍정적 표상을 먼저 그려주고 비유를 사용하는 것은 매우 효과적입니다. 상대를 상징성이 있는 무언가로 비유함으로써, 그 사람에 대한 나의 마음을 더 깊이 있고 명확하게 전달할 수 있습니다. 또, 비유 뒤에 그 이유와 의미를 설명해 주면, 상대의 마음을 완전히 사로잡을 수 있습니다. 처음에는 어색할 수 있지만, 점차 강한 인상을 남길 수 있다는 것을 깨닫고 자주 사용하게 될 것입니다.

"팀장님, 제가 꿈꾸는 리더는 어둠 속에서 빛과 같이 존재하는 리더입니다. 그런데 팀장님께서 그 빛과같은 존재로 존재해주셔서 정말 감사합니다."

"리더란 사골국물처럼 찐하고 깊은 맛을 낼 줄 알아야 한다고 하던데.. 팀장님의 업무 능력과 성품을보면 팀장님을 보고 하는 말 같습니다. 저도 배우고 싶습니다."

"좋은 리더란 무엇일까? 고민했던 적이 있습니다. 그런데 팀장님을 보고 깨달았어요. 팀장님처럼 일하는 것이 좋은 리더이구나."

인정과 칭찬은 구체적인 증거가 있어야 합니다

> 팀장님, 이번에 작성하신 제안서의 3page가 한눈에 이해됩니다.
> 보고 배울 점이 많다고 느꼈습니다.

최 본부장은 매번 세부 부분까지 신경을 써서 제안서를 작성했습니다.

이번에도 역시 고객을 위해 꼼꼼하게 제안서를 작성했죠. 박 주임은 제안서를 보고 최 본부장에게 가서 말했습니다. "본부장님, 이번 제안서를 보고 배울 점이 많다고 느꼈습니다. 3page부터 10page까지 장표에 핵심 내용이 잘 들어가서 한눈에 이해가 갑니다." 최 본부장은 박 주임의 칭찬을 듣고 뿌듯함을 느꼈습니다. 직장에서 15년간 일하면서 제안서를 잘 작성했다는 말은 자주 들었지만, 이렇게 구체적으로 인정받고 격려 받은 적은 처음이었기 때문입니다.

칭찬에 구체적인 증거가 있으면 그 효과가 배가 됩니다. "팀장님, 오늘 멋지세요."보다는 "팀장님, 파란색 넥타이가 너무 잘 어울리세요."라고 말하는 것이 더 강력한 칭찬이 됩니다. 상대방은 자신이 어떤 부분에서 인정받고 있는지 명확히 알 수 있어 더 높은 수준의 자부심을 느끼게 됩니다. 추가로, 외적인 부분보다는 그 사람의 행동과 과정, 성과를 알아주는 것이 중요합니다.

"팀장님이 기획하신 신제품, MZ 세대의 니즈를 정확히 담고 있어서 인기가 많을 것 같습니다."

"본부장님, 이번 행사에서 3번째 연사분 어떻게 섭외하신 겁니까?

한 참여자분이 이번 행사에서 3번째 연사분을 통해 고민하고 있던 문제가 해결되셨다고 하셨습니다. 반응이 참 좋습니다!"

> ❝
> ## 뒷담화 하십시오. 칭찬 뒷담화.
>
> 박 대리님, 정 팀장님이랑 일해 보셨어요? 그분 프로젝트 관리능력이 진짜 대박이에요.
> 이번 프로젝트는 정 팀장님 아니었으면, 목표 달성 못 했을 거예요.
> 정말 대단하신 것 같아요.

프로젝트가 성공적으로 끝난 후, 팀 전체가 회식하는 자리에서 윤 대리가 말했습니다. "여러분, 이번 프로젝트의 주역은 정 팀장님입니다! 한 달 내내 야근하셨던 팀장님의 헌신 덕분에 목표를 달성할 수 있었습니다. 다들 정 팀장님께 박수 드리겠습니다! (짝짝)" 이때 정 팀장은 동료들 앞에서 인정을 받아 자존감이 높아졌고, 팀원들 사이에서도 정 팀장에 대한 신뢰가 커졌습니다.

윤 대리는 또 다른 긍정적 영향을 기대하며 칭찬을 이어갔습니다. 옆 부서의 박 대리부터 다른 층에 있는 김 주임까지 여러 사람에게 정 팀장의 기여도를 언급했습니다. 이렇게 회사 내부에 정 팀장에 대한 칭찬이 돌았고, 정 팀장은 간접적으로도 인정을 받게 되었습니다. 그 힘으로 새로운 동기부여를 얻어 더 나은 리더가 되기 위해 노력하기 시작했습니다.

대부분의 사람은 상대의 앞에서 칭찬을 표현합니다. 그런데, 때로는 보이지 않는 곳에서 칭찬하는 것이 효과적일 때가 있습니다. 어느 날, 직장에서 "팀장님, 요즘 사람들이 팀장님 칭찬을 엄청나게 합니다! 프로젝트 해결사라고 부르더라고요."라는 이야기를 들었다고 상상해 보십시오. 기분이 어떨 것 같습니까? 정말 좋을 것입니다. 이것이 바로 칭찬 뒷담화입니다. 칭찬 뒷담화는 상대방에게 성취감과 동기부여를 느끼게 하며 긍정적인 영향을 줍니다. 칭찬 뒷담화를 해보십시오. 칭찬은 표현될수록 더 큰 울림을 줍니다. 여러분의 현장에서 칭찬 뒷담화가 널리 퍼지길 바랍니다.

리더를 인정하고 격려하는 네 가지 대화 기술을 활용하여 성공적인 매니지업을 이끌어 보십시오. 매니지업은 상호 간의 존중과 이해에서 시작되며, 서로를 더욱 잘 이해하고 인정할수록 팀의 성과가 탁월해집니다. 상대방을 존중하고 격려하며, 더 많은 인정을 받고 더 많이 성장하시길 바랍니다.

팀을 만들어 나가는 것은 바로 여러분입니다.

> ## 칭찬이 폭탄이라면? 잘 받고 잘 돌리십시오
>
> 감사합니다. 지난 번 김 과장님께서 보고서관련 피드백 주신 덕분입니다
>
> 감사합니다. 오차장님 덕분입니다. 지난 번 피드백 주신 것이 큰 도움이 되었습니다
>
> 감사합니다. 이 부장님이 잘 도와주신 덕분입니다
>
> 감사합니다. 여러분 덕분입니다

　동서양을 막론하고 칭찬은 언제나 기분이 좋습니다. 다만 동양권의 문화에서는 칭찬을 받는 것이 때로는 쉽지 않습니다. 유년시절부터 칭찬을 받는 것이 익숙하지 않거나 경험이 적다보니 사회생활에서도 칭찬을 받을 때 어색하게 반응하곤 합니다. "아..아닙니다..", "어휴..제가요? 아닙니다." 등의 칭찬하는 사람의 칭찬을 받지 않고 손을 좌우로 흔들며 칭찬을 거부하기 까지하는 모습을 발견할 수 있습니다. 그러나 칭찬도 잘 받을 줄 알아야합니다. 그렇기 때문에 2가지만 기억하시기 바랍니다.

1 첫 번째는 '감사합니다' 라고 칭찬을 잘 받으십시오. 누군가가 칭찬을 했다면 그의 성의를 잘 받아야합니다.

2 두 번째는 '~덕분에' 라고 이 칭찬과 연관성이 있는 사람을 떠올려보고 그에게 이 칭찬을 돌려보십시오. "김과장님 덕분입니다.", "이차장님의 피드백 덕분입니다.", "지우씨 덕분이에요." 라고 말이지요.

　저는 칭찬은 5초짜리 폭탄이라고 상상하곤합니다. 누군가가 5초짜리 강력한 칭찬폭탄을 제게 선물하면 저는 두손으로 잘 받고 또 다른 누군가에

게 이 공을 돌릴지를 찾습니다. 이렇게 칭찬폭탄이 조직에서 옮겨질 때마다 아름다운 모습들을 발견하곤 합니다.

자, 이제는 칭찬을 받을 때 당당하게 2가지 만 기억하십시오.

"감사합니다, 누구누구 덕분입니다."

05
거절하고도 편하게 얼굴 볼 수 있는 2가지 대화법

직장에서 인정받는 사람들은 대화 기술을 활용하여 리더의 요청을 거절합니다. 거절은 어려운 일이지만, 사실(Fact)과 존중(Respect)이 공존해야 한다는 원칙만 지키면 부담을 줄일 수 있습니다. 성공적인 목표 달성을 위해서는 우선순위를 명확히 하고, 필요에 따라 거절하는 것도 중요합니다. 거절을 잘하는 것은 '안 됩니다.'라고만 말하는 것이 아니라, '존중을 바탕으로 사실을 말하며 상대를 이해시키는 것'을 의미합니다. 이는 상대방에 대한 존중과 자신의 업무 효율성을 동시에 지킬 수 있는 방법입니다. 지금부터는 '바로 거절해야 하는 상황'과 '시간을 두고 거절해야 하는 상황'에서 활용해야 하는 대화 기술을 살펴보겠습니다.

바로 거절해야 하는 상황

한창 바쁜 날, 3년 차 프론트엔드 개발자 우림 씨는 리더로부터 도움 요청을 받았습니다. 우림 씨는 현재 A 프로젝트에 몰두하고 있어 다른 일을 할 시간이 없었습니다. 그래서 존중과 사실을 활용하여 리더의 요청을 거절하기로 했습니다.

"팀장님, 제게 도움을 요청해 주셔서 감사합니다. 다만 그 도움을 드릴 수 없을 것 같습니다. 현재 진행 중인 A 프로젝트를 내일 오전 11시까지 마무리 지어야 하는 상황입니다. 이번에는 도움을 드리지 못하지만, 다음에는 꼭 도움을 드릴 수 있으면 좋겠습니다. 다시 한번 요청해 주셔서 감사합니다."

이렇게 우림 씨는 리더의 요청을 거절할 수 있었습니다. 리더의 요청에 감사함을 표현하면서도 자신의 상황을 명확히 전달했습니다. 이는 단순한 거절이 아닌, 동료에 대한 존중과 이해를 보여주는 방법이었습니다.

대화의 흐름을 살펴보면, [감사, 사실, 감사] 이 3가지 순서로 답변하는 것을 확인할 수 있습니다. 도움 요청에 대한 감사를 표현하고, 사실에 근거해 거절합니다. 그리고 다시 리더의 요청에 감사를 전하며 대화를 이어갑니다. 마치 햄버거의 패티를 위아래로 감싸는 부드러운 빵처럼, 거절할 때에도 감사의 빵을 활용해 부드러운 대화를 이어가시길 바랍니다.

시간을 두고 거절해야 하는 상황

바쁜 월요일, 2년 차 UX & UI 디자이너 혜진 씨는 팀장으로부터 도움 요청을 받았습니다. 그녀는 바로 답변하기보다는 자신의 일정을 신중하게 검토해 보기로 했습니다.

"팀장님, 요청해 주셔서 감사합니다. 제가 우선 과업이 있어서 일정을 확인해 보고 답변드리겠습니다. 혹시 언제까지 답변드리면 될까요?"

(팀장이 답변을 기다리겠다고 한 후) 혜진 씨는 프로젝트 리더와 우선순위를 논의했습니다. 그 결과 요청을 수락할 수 없다는 결론이 나왔습니다. 그녀는 곧바로 팀장에게 정중한 거절의 메시지를 전했습니다.

"팀장님, 제가 일정을 확인했는데, 도움을 드리지 못할 것 같습니다.
A 프로젝트를 위해 오늘까지 제작해야 하는 디자인이 있어, 그 과업에 집중해야 하는 상황입니다. 다음에는 꼭 도움을 드릴 수 있었으면 좋겠습니다. 제게 요청해 주셔서 감사합니다."

이처럼 혜진 씨는 팀장의 요청을 신중하게 검토한 후, 사실과 존중에 기반해 거절의 의사를 전달했습니다. 이러한 대화 기술은 납득할 수 있는 사실과 그 사실을 포장해 주는 존중의 화법이 중요합니다. 예컨대, 온라인 소통에서는 이모티콘이나 아쉬움을 표현하는 텍스트(ㅜㅜ 등)를 활용하는 것도 효과적입니다.

리더의 요청을 거절할 때, 사실과 존중을 적절히 활용하는 것은 매우 중요합니다. 그런데, 간혹 리더의 요청이 지금 진행하고 있는 과업보다 우선인 경우가 있습니다. 그럴 경우, 우리의 목표가 무엇인지 다시 한번 생각해 봐야 합니다. 목표를 달성하기 위한 우선순위가 무엇인지 명확하게 구분한 후, 그 요청을 수락하거나 거절하십시오. 만약 거절해야 한다면, 방금 배운 두 가지 상황을 참고하면 됩니다. 우리는 직장 생활에서 상대에게 존중을 표하면서도 자신의 업무 순위를 지킬 수 있어야 합니다. 리더에게 잘 거절하는 것도 하나의 매니지업입니다.

06

나의 도움요청에 무조건 YES! 나오게 하는 소통법

안심화법 > 두괄식 30초 > 대안제시 > 감사

　직장에서 인정받는 사람들은 4단계의 프로세스에 따라 리더에게 도움을 요청합니다. '안심화법-두괄식 30초-대안제시-감사'로 이어지는 대화법은 직장에서 원하는 결과를 얻을 수 있도록 돕습니다. 지금부터 하나씩 살펴보겠습니다.

1 안심화법

안심화법은 리더와 대화를 시작할 때 사용하는 방법입니다. 대화 초반에 리더를 불안하게 만들지 않는 것이 중요합니다. 우리는 일반적으로 "드릴 말씀이 있습니다." "큰일 났습니다." "시간 괜찮으십니까?" "급하게 드릴 말씀이 있습니다" 등의 표현으로 리더에게 불안과 걱정을 심어주곤 합니다. 리더는 이런 말을 들으면 더 긴장하게 되고, 결국 팀원은 원하는 답을 얻기 어렵게 됩니다. 따라서 리더와 대화를 시작할 때는 리더에게 안심을 줄 수 있는 화법을 사용해야 합니다.

안심화법 예시

짧은 시간 제시하기

"팀장님, 딱 2분만 시간 괜찮으십니까? 1가지 질문이 있습니다. 팀장님이 답변해 주실 수 있을 것 같아서요!"

이렇게 짧은 시간을 제시하면, 리더는 빠르게 해결할 수 있다는 생각에 안심하며 대화에 응할 수 있습니다.

긍정적인 상황 전하기

"팀장님, 이번 A 프로젝트 잘 진행되고 있습니다. 기대가 됩니다. 혹시 한 가지 조언을 구할 수 있을까요?", "팀장님, 이번 컨퍼런스의 연사 섭외가 예상보다 잘 진행되고 있습니다. 더 잘 진행될 수 있는 부분을 고민하다가 팀장님께 조언을 구하러 왔습니다. 시간 괜찮으세요?"

대화를 시작할 때 긍정적인 상황을 먼저 전하면, 리더는 안심할 수 있습니다. 편안하게 대화에 응할 때, 리더는 더 많은 조언을 해줄 수 있습니다.

이야기를 통해 안심화법의 효과성을 느껴 봅시다

김 대리는 IT 부서의 유능한 직원입니다. 그는 회사의 미래에 매우 중요한 프로젝트를 맡게 되었습니다. 그런데 프로젝트를 진행하던 중 예상치 못한 문제에 직면했습니다. 김 대리는 이 문제를 해결하기 위해 박 팀장에게 도움을 요청했습니다. 김 대리는 어떻게 말을 꺼낼지 고민하다가, 최근에 배웠던 안심화법을 활용해 보기로 했습니다.

"팀장님, 혹시 2분 정도 시간 내주실 수 있습니까? 이번 프로젝트 잘 진행되고 있는데, 팀장님께 한 가지 조언을 얻고자 합니다."

박 팀장은 프로젝트가 잘 진행되고 있고, 짧은 시간 안에 해결되는 상황이라는 것에 마음이 놓였습니다.

"그래요, 김 대리. 어떤 문제입니까?"

이에 김 대리는 "팀장님, 이번 A 프로젝트가 예상보다 잘 진행되고 있습니다. 하지만 데이터 통합 과정에서 작은 오류가 발생했습니다. 이 부분에 대해 팀장님의 의견을 듣고 싶습니다. 이미 2가지 해결책을 생각해 봤지만, 팀장님의 경험이 더 큰 도움이 될 것 같습니다."라고 말했습니다.

박 팀장은 김 대리의 침착하고 긍정적인 접근에 안심하며 조언을 해주었습니다.

"저번에 이런 적이 있었는데, 이렇게 접근해 보면 어떨까?"

김 대리는 박 팀장의 조언을 바탕으로 문제를 해결해, 프로젝트를 성공적으로 마무리했습니다. 이 대화를 통해 박 팀장과 김 대리 사이에 신뢰가 높아졌고, 김 대리는 회사에서도 인정받을 수 있었습니다.

이처럼 안심화법은 리더와의 신뢰를 쌓고 더 나은 결과를 만드는 데 기여합니다. 여러분도 리더와 대화를 시작할 때, 안심화법으로 접근해 보십시오.

2 두괄식 30초

두괄식 30초는 핵심 메시지를 먼저 전달하는 대화 기술입니다. 바쁜 리더들은 긴 설명보다 핵심을 듣고 싶어 합니다. 원하는 바를 얻기 위해서는 두괄식 소통으로 빠르게 결론을 말하는 것이 중요합니다. 미괄식은 대화를 늘어지게 만들어 리더의 흥미를 잃게 만듭니다. 첫 30초 안에 대화의 요점을 말함으로써, 대화의 효율성을 높일 수 있습니다. 다음의 예시를 보겠습니다.

"팀장님, [A 연사 섭외 비용 건]으로 조언을 구하고 싶습니다."

이처럼 대화의 주제를 먼저 말한다면, 리더는 어떤 논의가 진행될지 바로 이해할 수 있습니다.

"팀장님, [워크샵 장소 컨펌 건]입니다. 현재 워크샵 장소 3개 찾아두었습니다. 팀장님의 의견을 들어보고 싶습니다."

이렇게 원하는 바를 명확히 제시하면, 리더는 빠르게 결정을 내려 시간을 절약할 수 있습니다.

"팀장님, 제가 말씀드리고 싶은 것은 [이번 프로젝트의 일정 조정]입니다. 현재 상황에서 2주 연기가 필요합니다."

"팀장님, 새로운 마케팅 전략을 세우려고 합니다. 3분만 시간 내주시면 요점을 설명드리겠습니다."

중요한 정보를 먼저 전달하면, 리더는 대화의 목적을 명확히 이해하고 필요한 결정을 신속하게 내릴 수 있습니다.

이야기를 통해 두괄식 30초의 효과성을 느껴 봅시다

김 대리는 팀장님과의 중요한 미팅을 앞두고 있었습니다. 이번 미팅에서는 다음 달 컨퍼런스에 초청할 연사와 관련된 중요한 결정을 내려야 했습니다. 김 대리는 팀장님이 항상 바쁘다는 것을 알고 있었기 때문에, 두괄식 30초 기법을 사용하기로 했습니다.

김 대리는 오 팀장과 중요한 미팅을 앞두고 있습니다. 이번 미팅에서는 다음 달 컨퍼런스에 초청할 연사 섭외와 관련된 결정을 내려야 했습니다. 이에 김 대리는 오 팀장에게 두괄식 30초 기법을 사용해 말했습니다.

"팀장님, 컨퍼런스 연사 섭외 건으로 질문드립니다. A 연사 섭외 비용에 대해 조언을 구하고 싶습니다."

오 팀장은 김 대리의 말에 바로 대답했습니다.

"좋습니다, 김 대리. A 연사가 이번 컨퍼런스에 꼭 필요한 인물입니까? 섭외 비용이 어떻게 되나요?"

김 대리는 팀장님의 빠른 반응에 놀라며 말했습니다.

"A 연사의 섭외 비용은 시간당 300만 원입니다. 처음 기획했던 것보다 높은 수준입니다. 다만 A 연사가 컨퍼런스 주제와 컨셉과 가장 부합해서 섭외가 꼭 필요합니다. 예산 조정이 필요할 것 같습니다."

오 팀장은 고개를 끄덕이며 말했습니다.

"좋은 의견입니다. 예산 조정을 위해 다른 부서와 협의해 보겠습니다. 김 대리가 이 사안을 주도적으로 진행해주길 바랍니다."

김 대리는 오 팀장의 지시에 따라 신속하게 예산을 확보하고, A 연사를 성공적으로 섭외했습니다. 두괄식 30초 기법 덕분에 오 팀장과 빠르게 소통하고, 필요한 결정을 신속하게 내릴 수 있었습니다.

3 대안제시

대안제시는 문제를 제기할 때 해결책을 함께 제시하는 방법입니다. 리더에게 문제만 주는 것은 부담이 될 수 있습니다. 따라서 문제와 함께 활용할 수 있는 대안을 제시하여 리더의 결정을 도와야 합니다.

"팀장님, 현재 프로젝트 일정이 지연되고 있습니다. 이를 해결하기 위해 인력을 추가하거나 일정을 새로이 수립하는 것을 고려 중입니다. 어느 쪽이 더 좋을까요?"

"팀장님, 현재 마케팅 캠페인이 기대만큼 효과가 없습니다. 새로운 전략을 적용하거나, 빠르게 다음 캠페인으로 넘어가는 방안을 제안드립니다."

문제와 함께 대안을 제시하면, 리더는 문제를 더 명확하게 파악해 보다 적절한 해결책을 선택할 수 있습니다.

이야기를 통해 대안제시의 효과성을 느껴 봅시다

2년 차 사원인 연준 씨는 중요한 프로젝트를 하던 중 문제에 직면했습니다. 컨퍼런스가 2개월 밖에 남지 않았는데, 기존에 섭외했던 연사 2분에게 참여하기 어려울 것 같다는 연락을 받은 것입니다. 시간은 촉박했고, 연사를 섭외하지 못하면 더이상 프로젝트를 진행할 수 없는 상황이었습니다. 마음이 급해진 연준 씨는 당장 프로젝트 리더에게 도움을 요청하고 싶었습니다.

그러다 문득 자신이 컨퍼런스 준비를 전담하고 있었기에, 리더가 세부 사항을 잘 모를 수도 있겠다는 생각이 들었습니다. 그래서 연준 씨는 바쁜 리더를 위해 문제를 정리하고 대안을 준비하기 시작했습니다. 연사 섭외에 어려움을 겪고 있는 원인은 무엇이고, 왜 그들이 섭외에 응하지 않는지 구체적으로 분석했습니다. 스케줄, 주제, 비용 등 다양한 방면에서 문제가 있었음을 확인했습니다. 이에 연준 씨는 여러 가지 대안을 모색했습니다. 과거 연사 섭외 자료를 검토하며 비슷한 상황에서 어떻게 했는지 조사했습니다. 또, 업계 네트워크를 활용해 다른 연사를 새로 물색하기 시작했습니다.

그 결과, 연준 씨는 두 가지 대안을 도출했습니다. 첫째는 기존에 비용 문제로 거절했던 연사 분의 섭외비를 높여 다시 제안을 하는 것이었고, 둘째는 주제가 변하더라도 대중 강연 능력이 뛰어난 새로운 연사를 섭외하는 것이었습니다. 준비를 마친 연준 씨는 리더를 찾아가 말했습니다.

"본부장님, 지금 3분 정도 되실까요? 컨퍼런스 준비는 잘 되고 있습니다. 그런데 연사 섭외 건으로 한 가지 이슈가 생겨 질문드리고자 합니다. 기존에 진행하기로 했던 연사 두 분이 참여가 어렵다고 연락을 주셨습니다. 그래서 이 문제를 해결하고자 두 가지 대안을 준비했습니다. 첫째, 비용 문제로 거절했던 연사 분의 섭외비를 높여 다시 제안하는 것입니다. 둘째, 주제가 조금 변하더라도 강연 능력이 뛰어난 연사 분을 섭외하는 것입니다. 컨펌만 해주시면 바로 섭외할 수 있게끔 사전 준비를 끝낸 상황입니다. 이 두 가지가 본부장님이 생각하셨던 방향과 다르다면, 다른 아이디어를 주실 수 있을지 궁금합니다."

리더는 열심히 준비해 준 연준 씨를 칭찬하며 두 번째 안으로 진행하기로 결정했습니다. 컨퍼런스는 성공적으로 끝났고, 프로젝트도 무사히 진행되었습니다. 연준 씨는 이번 경험을 통해 무작정 리더에게 도움을 요청하기 보다는, 대안을 미리 준비하는 것이 효과적이라는 것을 깨달았습니다. 대안제시는 리더가 더 빠르고 명확하게 상황을 이해하고, 보다 나은 결정을 내리는 데 도움을 줄 수 있음을 알게 되었습니다.

4 감사

감사는 대화의 마무리를 긍정적으로 만드는 마법의 기술입니다.

직장 생활에서 리더에게 도움을 요청한 후 감사를 표현하는 것은 매우 중요합니다. 얼핏 보면 당연한 일이라 생각할 수 있겠지만, 실제로는 감사 인사를 놓치는 경우가 많습니다. 리더의 시간을 소중히 여기고 있음을 표현하고, 도움에 대해 감사를 전해 리더와의 관계를 강화하는 것이 중요합니다.

"팀장님, 바쁘신데 시간 내주셔서 감사합니다."

"팀장님, 조언 감사합니다. 덕분에 프로젝트의 방향성을 구체적으로 정립할 수 있었습니다."

감사의 표현은 리더에게 긍정적인 인상을 남기고, 이후의 대화를 기대하게 만드는 효과가 있습니다.

게리 채프먼 *Gary Chapman*의 "사랑의 5가지 언어"는 직장 생활에서도 효과적으로 활용할 수 있습니다. 인정하는 말, 함께하는 시간, 선물, 봉사, 스킨십 등 5가지의 내용을 감사의 표현과 연결하여 살펴보겠습니다.

1 인정하는 말

가장 간단하면서도 효과적인 방법입니다. 리더에게 직접적인 감사의 말을 전하는 것은 큰 의미가 있습니다. 예를 들어, **감사합니다, 팀장님 덕분에 해결되었습니다!** 라고 말함으로써, 리더가 기여한 바를 인정하고 고마움을 표현할 수 있습니다. 인정하는 말의 핵심은 진정성을 담아 감사를 표현하는 것입니다

2 함께하는 시간

리더와 함께 시간을 보내는 것도 감사의 한 방법입니다. 예를 들어, **팀장님, 오늘 점심 같이 드시겠습니까?** 라고 제안하는 것은 리더에게 감사의 마음을 표현하는 좋은 방법입니다. 이는 리더와의 관계를 강화하고, 서로 더 잘 이해할 기회를 제공합니다.

3 선물

작은 선물도 큰 감사의 표현이 될 수 있습니다. 예를 들어, **오늘 점심은 제가 대접하겠습니다.** 또는 **커피 한잔 대접하겠습니다.** 라고 말하며 리더에게 감사의 마음을 전할 수 있습니다. 이는 리더에게 자신이 얼마나 고마운지 보여주는 좋은 방법입니다. 대면으로 식사를 대접하거나 커피를 제공하는 방법도 있지만, 온라인 메신저의 기능인 '선물하기'를 통해 마음을 표현할 수도 있습니다.

4 봉사

도움이 필요한 일을 자발적으로 돕는 것도 감사의 표현입니다. 예를 들어, **팀장님, 제가 도울 수 있는 일이 있다면 언제든 말씀해 주세요!** 라고 말함으로써 리더에게 보답하고 싶다는 의사를 전달할 수 있습니다. 때로는 리더가 야근을 하거나 힘들어 보일 때, 그 일을 서포트하는 시간과 응원으로도 봉사를 표현할 수 있습니다.

5 스킨십

이 방법은 대상이나 문화, 상황에 따라 다를 수 있지만, 가벼운 스킨십도 감사의 마음을 전하는 방법이 될 수 있습니다. 예를 들어, 적절한 상황에서 '손을 잡고' 감사의 마음을 표현하거나 '가벼운 포옹'을 통해 감사를 표현할 수 있습니다하는 시간과 응원으로도 봉사를

표현할 수 있습니다.

직장생활에서 리더에게 도움을 받고 난 후 감사를 표현하는 것은 팀의 화합과 개인의 성장을 위해 매우 중요합니다.

특히 "사랑의 5가지 언어"에 제시된 컨셉들을 통해 감사를 표현하면, 리더와의 관계를 더욱 견고히 하고 팀워크를 강화할 수 있습니다. 감사의 표현은 예의에서 끝나지 않고 서로에 대한 존중과 협력, 그리고 그에 기반한 조직 문화 형성에 기여합니다.

단순한 말 한마디, 길지 않은 시간, 소박한 선물, 도움이 되는 행동, 적절한 스킨십을 실천하며 더 나은 조직을 만들어 나갑시다!

리더에게 사용할 수 있는 6가지 긍정언어

리더에게 긍정언어를 사용하면 팀의 사기와 성과를 크게 진작할 수 있습니다. 리더가 팀을 이끌고 팀원을 지원하는 것에 감사를 표현하고, 노고를 인정하며, 긍정적인 피드백을 주어야 합니다. 긍정언어는 리더와 팀원 간의 신뢰와 협력을 강화하기 위해 필요합니다. 지금부터 6가지 긍정언어, 감사, 칭찬, 존중, 격려, 공감, 협력의 표현을 소개하겠습니다

1 감사

감사는 리더와의 관계를 긍정적으로 만드는 첫걸음입니다. 다음과 같은 구체적인 표현을 사용해 보세요.

> 고맙습니다, 팀장님. 덕분에 이번 프로젝트를 잘 마무리할 수 있었습니다.
> 항상 도와주셔서 감사합니다. 팀장님 덕분에 많은 것을 배울 수 있었습니다.

2 칭찬

리더의 아이디어와 리더십을 칭찬하는 것은 그들의 노력을 인정하고 동기부여 하는 데 도움이 됩니다.

> 정말 훌륭한 아이디어예요. 팀의 방향성을 제시해 주셔서 감사합니다.
> 항상 배울 점이 많아요, 팀장님. 리더십이 정말 뛰어나세요.

3 존중

리더의 의견과 판단을 존중하는 것은 그들의 경험과 전문성을 인정하는 표현입니다.

> 팀장님의 의견을 존중합니다. 항상 좋은 방향으로 이끌어 주셔서 감사해요.
> 팀장님의 판단을 믿어요. 이번 결정은 반드시 좋은 결과를 만들 것이라 생각합니다.

4 격려

어려운 상황에서도 리더를 격려하는 것은 그들에게 큰 힘이 됩니다

> 힘드셨을 텐데 참 멋지세요, 팀장님. 항상 열정적으로 도와주셔서 감사해요.
> 응원합니다, 팀장님. 당신의 리더십이 우리 팀을 더 강하게 만듭니다.

5 공감

리더의 상황을 이해하고 공감하는 것은 그들이 느끼는 부담과 스트레스를 줄여줍니다.

> 많이 바쁘시죠? 팀장님, 항상 최선을 다해주셔서 감사해요.
> 힘드신 점 이해해요. 저도 그 부분에 대해 고민해 봤습니다.

6 협력

리더에게 문제를 함께 해결하고자 하는 의지를 표현하는 것은 팀의 협력을 강화합니다

> 어떻게 도와드릴까요? 함께 해결할 수 있다고 믿습니다.
> 같이 더 노력해 봐요, 팀장님. 우리는 팀이니까요."

긍정언어는 팀의 성과와 관계를 개선하는 중요한 요소입니다. 감사와 칭찬은 리더의 동기부여를 강화하고, 존중과 격려는 그들의 리더십을 더욱 빛나게 합니다. 공감과 협력은 팀의 단결력을 높여 문제 해결에 필요한 신뢰를 쌓아줍니다. 그러므로 리더에게 감사, 칭찬, 존중, 격려, 공감, 협력의 표현을 사용하는 것을 잊지 마십시오. 말 한마디, 작은 행동 하나가 변화를 만들어 냅니다.

카네기가 이르길, "인간관계를 쌓아가는 과정은 조직의 성과를 촉진할 수 있는 비밀"입니다. 리더와 부하 직원의 시대는 끝났습니다. 이제는 동료의 시대가 왔습니다. 동료의 성장과 성취를 있는 그대로 인정하고 격려해 주십시오. 그것이 리더일지라도. 이제는 리더만 팀원을 관리한다는 패러다임을

버려야 합니다. 우리는 함께 성과를 만들어가는 동료입니다. 공동의 목표를 달성하기 위해 팀원도 리더를 매니지업 해야 합니다.

지금부터 여러분의 리더를 관리해보십시오!

> 우리는 함께
> 성과를 만들어가는

동료입니다.

3부

고액연봉자들은 왜 하루종일 미팅만 하는걸까?

07
일 잘한다는 소리 들으면 원이 없겠네!

30살의 현수는 입사한 지 2년 차가 된 사원입니다.

그는 회사에서 겪는 여러 가지 어려움으로 인해 직장 생활에 대한 불만이 점점 쌓여갔습니다. 불공평한 대우, 동료들로부터 느끼는 무시, 그리고 개인적인 성장 기회가 부족한 시스템 속에서 현수는 자신이 점점 작아지고 있음을 느꼈습니다. 첫해에는 모든 일이 신기하고 기대가 되었지만, 시간이 지나면서 직장 생활의 현실적인 벽에 부딪혔던 것입니다.

특히, 고 팀장과의 관계는 현수에게 큰 스트레스로 다가왔습니다. 고 팀장은 냉담하고 권위적인 태도로 현수의 의견을 무시하는 일이 잦았고, 그때마다 현수는 자존감이 무너져 내렸습니다.

어느 날, 회사에 새로운 경력직 사원 설아가 입사했습니다. 설아는 현수와 동갑이었지만 현수보다 2년 먼저 직장생활의 경험을 가진 인물이었습니다.

"안녕하십니까, 김설아입니다. 만나게 되어서 기쁩니다. 이곳에서 보람있고 재밌는 일들이 많이 있기를 기대하고 왔습니다. 다시한번 만나서 반갑습니다. 잘 부탁드립니다."

현수는 설아와의 첫 만남에서 그녀의 차분하지만 자신감이 넘치는 태도가 매우 인상적이었습니다. 설아가 처음 팀원들과 인사를 나눈 후, 팀원들과 함께 처음 미팅을 하게 되었습니다. 화기애애하게 미팅이 시작되고 기존 진행하던 프로젝트의 공유가 오고갔습니다. 시간이 지나면서 설아도 미팅분위기에 녹아들기 시작했습니다.

"와.. 내용을 들어보니까 이번 프로젝트가 쉽지는 않겠습니다. 그럼에도 재미있게 했으면 좋겠습니다. 재미가 있어야 더 의욕도 생기잖아요!"

설아의 이 한마디는 현수에게 큰 인상을 남겼습니다. 지치고 힘든 회사 생활 속에서 '재미'라는 단어는 현수에게 낯설고 멀게만 느껴졌기 때문입니다. 하지만 설아는 이후에도 긍정적인 태도를 유지했습니다. 현수는 '입사 초기여서 저렇게 밝을 수 있겠지, 며칠 지나면 여기 사람들과 비슷해지겠지' 라는 말을 속마음으로 했습니다.

며칠 뒤 팀은 프로젝트를 위한 브레인스토밍을 진행하고 있었습니다. 설아는 미팅에서 자신의 아이디어를 제시했습니다. 그녀의 아이디어는 고객중심적이었으며, 현수조차 설아의 의견에 고개를 끄덕일 정도로 논리가 있고 실현가능성이 있어 보였습니다.

그러나 현수 팀의 리더인 고팀장의 표정은 좋지 않았습니다. 고 팀장은 설아의 의견이 끝나기도 전에 끼어들었습니다.

"설아 씨, 그건 예산문제도 있고 이미 과거에 시도해봤던 방식이예요. 아이디어는 좋은데 다시한번 생각해봅시다"

설아는 잠시 당황했지만, 이내 침착함을 유지하며 말을 이어갔습니다.

"팀장님, 그때의 상황을 제가 잘 모르지만 조금 다르지 않을까 하는 생각이 듭니다. 제가 확인해본 데이터를 기반으로 말씀드리면, 이번에는 채널을 바꾸어 시도해보면 성공 가능성이 더 높아 보지 않을까 생각합니다."

그러나 고 팀장은 설아의 말을 가볍게 여기며 대답했습니다.

"네 좋습니다. 다음 아이디어로 넘어가시지요."

회의실의 분위기는 약간 싸늘해졌고, 현수는 설아를 바라보며 동질감을 느꼈습니다. 설아 역시 자신처럼 고 팀장에게 무시당하는 모습을 보았기 때문입니다.

회의가 끝난 후, 현수는 설아가 어떻게 반응할지 궁금했습니다. 자신 같았으면 주눅이 들어버렸을 상황에서, 설아는 고 팀장의 무시를 어떻게 받아들일지 궁금했던 것입니다.

그러나 설아는 의외로 차분한 태도를 유지했습니다. 그녀는 오후가 되자 고 팀장에게 다가가 존중어린 태도로 말을 걸었습니다.

"팀장님, 잠깐 시간 괜찮으신가요? 제가 처음 오기도 했고, 우리팀의 프로젝트에 대해서 조금 더 이해하고 공감하고 싶습니다. 이번 주 중에 시간이 괜찮으시면 제가 원온원 미팅을 신청하고 싶습니다."

고 팀장은 약간 귀찮은 듯한 표정으로 설아를 바라봤지만, 그녀의 침착하고 확신에 찬 태도에 결국 고개를 끄덕였습니다.

"음… 알겠어요. 내일 오후에 시간을 내도록 하죠. 그때 자세히 이야기해봅시다."

설아는 고 팀장의 반응에 살짝 미소를 지으며 고개를 숙였습니다.

설아 감사합니다, 팀장님. 혹시 제가 미팅 전에 준비해보면 좋을 것이 있을까요?
고팀장 궁금한 것들을 정리해서 와주세요.
설아 네 팀장님. 궁금한 것들을 정리해서 내일 뵙겠습니다. 감사합니다.

현수는 설아와 고팀장님의 대화를 들으며 정말 놀랐습니다. 직장생활을 하면서 리더에게 먼저 미팅을 요청하고 본인이 얻고자하는 것을 차분하지만 자신있게 말하는 모습을 처음 보았기 때문입니다. 그리고 점점 더 설아가 궁금해졌습니다.

설아는 원온원 미팅을 앞두고 철저하게 준비를 시작했습니다. 그녀는 미팅에서 다룰 내용을 정리하고, 궁금한 내용들이 무엇인지 정리했습니다. 하루가 지나고 약속했던 원온원 미팅시간이 되었습니다. 설아는 원온원 미팅을 위해 고 팀장과 마주 앉았습니다. 그녀는 미리 준비한 메모를 꺼내며, 고 팀장에게 차분히 말을 걸었습니다.

"팀장님, 우선 시간 내주셔서 감사합니다. 제가 오늘 이야기하고 싶은 것은 우리 팀의 목표와 제가 맡고 있는 역할, 그리고 팀장님이 저에게 기대하시는 바를 명확히 알고 싶어서입니다. 또한, 제가 어제 미팅에서 제안했던 아이디어에 대해 다시 한 번 설명드리고 싶습니다."

고 팀장은 여전히 퉁명스러워 보였지만, 설아의 진지한 태도에 조금씩 마음이 열리기 시작했습니다.

"그래요. 이렇게 먼저 미팅을 신청해줘서 고맙습니다. 아이디어부터 일단 들어보죠. 설아 씨가 그 아이디어에 대해 어떤 생각을 가지고 있는지 궁금하네요."

설아는 팀장이 본인의 제안을 받아들이도록 설득하기 위해 철저히 준비해온 데이터를 바탕으로 논리적으로 설명했습니다. 그녀는 단순히 자신의 아이디어를 주장하는 것이 아니라, 팀의 목표와 일치하는지, 고 팀장이 어떤 기대를 가지고 있는지 세심하게 파악하려고 노력했습니다.

"팀장님, 제가 제안한 방식은 이전과 다르게 접근할 수 있는 방법을 포함하고 있습니다. 또한, 이 방식이 팀의 전체 목표에 부합한다고 생각합니다. 물론, 제가 놓친 부분이 있다면 팀장님께서 피드백해 주시면 감사하겠습니다."

고 팀장은 설아의 준비된 자세와 존중어린 말투에 점차 설득되기 시작했습니다.

"음… 설아 씨, 말한 대로 이 아이디어는 좀 더 고민해 볼 만한 가치가 있는 것 같네요.. 그런데도 여전히 현실적인 문제가 있을 수 있어요. 그 부분을 어떻게 해결할지 구체적으로 생각해 본 게 있나요?"

설아는 고 팀장의 질문에 침착하게 답했습니다.

"네, 그 부분도 고려해서 보완할 수 있는 방안을 몇 가지 준비해왔습니다. 이 방안들이 현실적으로 타당한지 팀장님과 함께 검토해 보고 싶습니다."

고 팀장은 설아의 준비성과 자신감을 보며 미묘하게 미소를 지었습니다.

"좋아요, 설아 씨. 함께 검토해 봅시다."

현수는 미팅을 마치고 나오는 설아의 얼굴에서 옅은 미소를 보았습니다. 현수는 설아에게 다가가 지금 어떤 미팅을 진행한 것이고 어떤 대화를 했는지를 물어보았습니다. 설아가 나눠주는 이야기를 들으며 현수는 많은 생각을 하게 되었습니다.

현수는 설아의 일하는 태도와 방식을 옆에서 지켜보며 큰 깨달음을 얻었습니다.

설아는 고 팀장에게 다가가 원온원 미팅을 신청했고 침착하고 존중어린 태도로 자신의 의견을 전달했습니다. 그리고 그것이 고 팀장의 태도를 변화시키는 중요한 요소라는 것을 깨달았습니다. 자신은 고 팀장의 무시와 냉담함에 주눅이 들어버렸지만, 설아는 그러지 않았던 것입니다.

설아는 단순히 자신의 의견을 주장하는 것이 아니라, 상대방의 기대를 파악하고, 그것에 맞춰 자신의 목표를 조정하며 협력하는 태도를 가지고 있었습니다. 설아는 매니지업의 중요성을 인식하고 있었고, 이를 통해 자신의 의견을 효과적으로 전달하며 목표를 달성해 나갔습니다.

현수는 이러한 차이가 결국 설아를 고 팀장에게 인정받게 만들었고, 그것이 자신이 부족했던 부분임을 깨달았습니다. 그는 설아를 보며 자신도 변화해야 한다는 결심을 하게 되었습니다.

현수는 설아의 모습을 보며 결심했습니다. 이제 더 이상 주눅 들어 있을 수만은 없었습니다. 그는 설아처럼 고 팀장과의 관계를 개선하기 위해 적극적으로 나서기로 결심했습니다.

그렇게 시간이 흘렀습니다. 현수는 미팅을 마친 후 고 팀장에게 다가갔습니다. 그의 목소리는 여전히 약간 떨렸지만, 그는 침착하고 존중어린 태도로 말을 건넸습니다.

"팀장님, 저도 원온원 미팅을 신청하고 싶습니다. 제 업무와 팀장님의 기대에 대해 논의하고 싶습니다."

고 팀장은 현수를 바라보며 약간 놀란 표정을 지었습니다.

"원온원 미팅이요? 음.. 좋아요. 그럼 시간을 잡아보죠."

현수는 이 기회를 통해 설아처럼 고 팀장의 기대를 파악하고, 자신이 어떻게 더 나은 성과를 낼 수 있을지 고민하기 시작했습니다. 처음 팀장님에게 원온원 미팅을 요청하고 무엇을 질문하고 어떻게 대화해야할 지 어려웠습니다. 하지만 현수는 더이상 지치고 피곤하게만 일을 하고 싶지 않았습니다. 현수도 재밌게 일에 몰입하며 일하고 싶었습니다.

그는 이제 더 이상 주눅 들지 않고, 설아를 통해 배운 대로 자신의 목표를 명확히 하고, 이를 달성하기 위해 꾸준히 노력하며 고 팀장과의 관계를 개선해 나가기로 했습니다. 시간이 지나면서 현수는 고 팀장과의 관계에서 작은 변화를 느끼기 시작했습니다.

원온원 미팅을 통해 그는 고 팀장의 기대를 정확히 파악하고, 그에 맞춰 자신의 역할을 조정하며 성과를 내기 시작했습니다. 고 팀장은 현수와의 대화가 늘어남에 따라 점차 현수의 노력과 성실함을 인정하기 시작했고, 현수에 대해서도 더 잘 알게 되었습니다.

그리고 어느날 고팀장이 현수와 식사를 하며 이렇게 이야기 했습니다.

"현수 씨, 요즘 현수씨 많이 변한것 같아요.
저한테 원온원 미팅도 자주 요청하고, 사실 좀 귀찮긴 한데, 이렇게 집요하게 저와 소통하는 것이 일 잘하는 겁니다. 저는 현수씨가 소극적으로 주어진 일만 받아서 하는 것이 내심 아쉬웠습니다. 목표가 무엇인지 또 그 목표를 달성하기 위해 제가 무엇을 기대하는지를 적극적으로 소통해주어 고맙습니다. 현수씨랑 일하는게 참 좋네요."

현수는 직장생활 처음으로 자신이 원하던 "일 잘한다"는 소리를 듣게 되었습니다. 그는 이제 더 이상 주눅 들지 않고, 자신의 목표를 명확히 하고 이를 달성하기 위해 적극적으로 노력하는 사람이 되어가고 있었습니다.

현수의 이야기는 단순한 문제 해결을 넘어, 스스로의 태도와 접근 방식을 변화시켜 나가는 과정이 얼마나 중요한지를 보여줍니다. 설아를 통해 배운 원온원 미팅의 중요성, 매니지업의 중요성, 목표와 역할 그리고 리더의 기대와 의도를 파악하는 것의 중요성을 현수는 실천했습니다.

현수의 이야기는 원온원 미팅의 힘을 보여주고 있습니다. 원온원 미팅을 통해 조직 내 의사소통이 개선되고, 직원들의 성장과 조직의 발전이 이루어졌습니다. 원온원 미팅으로 형성된 심리적 안전지대는 리더와 팀원의 진실한 대화를 가능하게 합니다. 진실한 대화를 통해 불만을 해소하고, 개인적 성장을 이루게 할 수 있습니다. 이는 조직과 구성원 모두에게 이로운 일입니다.

원온원 미팅을 하기 전, 미리 일정을 조율하고 나눌 주제를 준비해야 합니다. 팀원이 먼저 다가가 원온원 미팅을 주도할 수 있습니다. 바쁜 리더는 여러분의 모든 부분을 신경 쓰지 못합니다. 이제는 스스로 움직여 원하는 것을 쟁취해야 합니다. 조직의 혁신과 성과를 위해, 그리고 자신의 성장과 성과를 위해 **지금 당장 원온원을 시작하십시오!**

08

대화가 잘 되는 이유가
이것 때문이라고?

7년이라는 시간이 흘렀습니다. 현수가 처음 회사에 입사했을 때만 해도 그는 모든 것이 새롭고 도전으로 가득 차 있었습니다. 하지만 이제 그는 그 모든 도전과 어려움을 이겨내고 팀에서 인정받는 중요한 존재로 성장했습니다. 그리고 마침내, 그는 팀장으로 부임하게 되었습니다.

팀장으로서의 첫날, 현수는 설렘과 함께 큰 책임감을 느꼈습니다. 예전에는 그저 자신이 맡은 업무에만 집중하면 되었지만, 이제는 팀 전체의 성과와 문제를 책임져야 했습니다. 그는 성과를 내야 한다는 압박감과 함께 구성원들을 이끌어야 한다는 부담감도 느꼈습니다.

현수는 팀장의 역할을 잘 수행하기 위해 서점에서 리더십과 성과 관리 서적을 읽기 시작했습니다. 또한, 온라인에서 성과 관리에 대한 연구와 정보를 조사했습니다. 그러던 중 흥미로운 연구를 하나 발견했습니다.

그것은 세계 최대 검색 엔진 기업인 구글의 연구였습니다. 2012년, 구글은 '아리스토텔레스 프로젝트'라는 이름으로 하나의 연구를 시작했습니다. 이 프로젝트의 목표는 성과를 잘 내는 팀이 갖추어야 할 필수 요소를 찾아내는 것이었습니다. "훌륭한 성과를 내는 팀은 어떤 요소를 갖추고 있는가?" "팀이 서로 상생하며 뛰어난 성과를 내기 위한 요소는 무엇인가?"가 근본적인 질문이었습니다.

구글은 이 연구를 위해 내부 구성원을 대상으로 200회 이상의 인터뷰와 250개 이상의 팀 연구를 진행하며 4년간 연구를 이어갔습니다. 그 과정에서 구글은 팀 구성원의 개인적인 특성이나 팀 구조와 같은 전통적인 요소들이 팀의 성공을 예측하는 데 큰 영향을 미치지 않는다는 것을 발견했습니다. 대신, 팀의 작업 방식과 규범이 성공의 핵심 요소로 작용한다는 것을 확인했습니다. 이때의 규범이란 팀 구성원들이 어떻게 상호작용하는지에 관한 비공식적이고 불문율적인 규칙을 의미했습니다.

결국, 구글은 팀의 성공이 개별 구성원의 우수성보다는 팀 전체의 상호작용과 문화에 달려 있다는 결론을 내렸습니다. 팀 구성원 간의 신뢰, 개방성, 책임감이 중요하며, 팀의 성공은 개별 구성원의 능력을 뛰어넘을 수 있다는 것이었습니다. 그리고 그중 가장 중요한 핵심 요소는 '심리적 안전감'이었습니다.

현수는 이 연구를 통해 조직에서 심리적 안전감이 매우 중요하다는 것을 깨달았습니다. 그는 결심했습니다. 팀원들이 안심하고 자유롭게 말할 수 있는 환경을 조성해 그들의 성과를 높이겠다고 말입니다. 그러면서 5년 전 자신을 도와주었던 고 팀장님이 생각났습니다. 그 시절의 감정과 경험이 떠올랐고, 깊은 감회에 잠겼습니다.

현수의 머릿속에는 고 팀장님의 무뚝뚝한 표정과 날카로운 눈빛이 떠올랐습니다. 고 팀장은 때론 무서웠고, 그에게 말을 거는 것이 쉽지 않았습니다. 그러나 무언가 아이디어를 내면 통과는 되지 않더라도 진지하게 응해줬던 기억이 있었습니다. 그리고 그와의 잊을 수 없는 원온원 미팅이 회상되었습니다.

"현수 씨, 왔어요? 원온원 미팅 시간이 정말 빠르게 찾아오네요."

고 팀장이 무뚝뚝하게 말했습니다.

현수는 긴장한 채로 말문을 열었습니다.

"팀장님, 그동안 제 의견이 무시된다는 느낌을 많이 받았습니다. 그리고 계속 반복되는 일을 하느라 성장한다는 느낌도 받지 못하고 있습니다. 사실 팀장님이 오시기 전에는 이직까지도 생각했었습니다."

고 팀장은 잠시 말이 없었습니다. 그의 표정은 여전히 냉정했지만, 현수는 고 팀장의 눈빛이 조금 부드러워졌다는 것을 느꼈습니다.

"현수 씨, 솔직하게 이야기해 줘서 고맙습니다."

고 팀장은 무겁게 입을 열었습니다.

"사실 나는 이 팀에 부임하고 나서 모든 것을 단시간에 파악하려다 보니, 팀원들이 어떤 고민을 하는지 미처 살피지 못한 것 같습니다. 미안하게 생각합니다. 내가 하는 일이 때로는 차갑게 보일 수 있겠지만, 나는 우리 팀이 성장하기를 진심으로 바라고 있습니다."

고 팀장의 말은 예상치 못한 진심이 담겨 있었습니다. 현수는 순간적으로 놀랐지만, 그의 진지한 태도와 눈빛에서 뭔가 달라진 점을 느낄 수 있었습니다. 고 팀장의 목소리 톤은 낮아졌고, 그의 손은 테이블 위에서 가볍게 모아

져 있었습니다. 그 순간 현수는 고 팀장의 말뿐만 아니라 그가 보내는 비언어적인 신호들에서도 진심을 읽어낼 수 있었습니다.

고 팀장은 한숨을 내쉬며 말을 이어갔습니다.

"내가 모든 문제를 당장 해결할 수 있다고는 말하지 않겠습니다. 하지만 현수씨 개인적 성장을 위해서, 그리고 우리 팀의 성장을 위해서, 우리의 목표를 위해서 무엇을 할 수 있을지 함께 고민해 봅시다."

현수는 이 말을 듣고 마음이 한결 가벼워졌습니다. 그 순간 고 팀장이 더 이상 차가운 존재가 아닌, 자신과 같은 고민을 하고 있는 동료처럼 느껴졌습니다. 그리고 고 팀장의 부드러워진 눈빛, 차분해진 목소리 톤, 편안하게 앉은 자세에서 그의 진심을 읽을 수 있었습니다.

현수는 그날의 미팅을 통해 커뮤니케이션의 중요성을 깨달았습니다. 단지 말뿐만 아니라, 상대방이 보내는 눈빛, 표정, 몸짓, 목소리 톤까지도 대화의 중요한 요소임을 느낀 것입니다. 그 미묘한 신호들이 상대방의 진심을 전달하고, 서로의 신뢰를 쌓아가는 데 큰 역할을 한다는 것을 현수는 직접 체험했습니다. 그리고 이런 비언어들이 심리적 안전감을 만드는데 중요하다는 사실도 깨달았습니다.

현수는 그때의 경험을 떠올리며 심리적 안전감을 형성하는 네 가지 요인을 정리했습니다.

1 첫째, 본질에 집중하여 목표를 명확히 하는 것이었습니다.

"우리 팀의 3개월 목표는 이것입니다. 제가 현수씨에게 기대하는 목표는 이것입니다."

등 현수에게 명확한 목표를 제시해 주었던 점을 떠올렸습니다.

2 둘째, 부정적 감정을 경계하는 것이었습니다. 특히 눈빛, 표정, 몸짓, 목

소리 톤등의 비언어 커뮤니케이션에서도 부정적인 에너지를 주지 않기 위해 노력하는 것이었습니다. 현수의 고민을 경청하면서도 부정적인 반응 없이 이해와 지지를 보여주었던 고 팀장의 태도가 기억났습니다.

3 셋째, 리더의 취약성을 드러내는 것이었습니다. "모든 부분을 한 번에 해결할 수는 없지만"이라는 말로 자신의 한계를 솔직하게 인정했던 고 팀장의 모습이 떠올랐습니다.

4 넷째, 리더의 진정성을 보여주는 것이었습니다. 고 팀장은 진심으로 현수의 이야기를 들어주었고, 그의 성장을 지원하려는 의지를 분명히 했습니다. 그리고 그 진정성은 고 팀장의 비언어적인 신호들에서도 분명히 느껴졌습니다.

현수는 그때의 경험을 회상하며 깨달았습니다. 팀원들과의 진솔한 대화가 얼마나 중요한지, 그리고 그 대화가 팀원들에게 얼마나 큰 영향을 미칠 수 있는지를 다시금 느꼈습니다. 구글의 아리스토텔레스 프로젝트 결과가 현실에서의 경험과 일치한다는 것을 깨달았으며, 특히 과거 고 팀장과의 관계가 자신에게 미친 영향을 새롭게 이해하게 되었습니다.

현수는 그날의 미팅이 단순한 업무 대화가 아니었다는 것을 깨달았습니다. 그것은 진정성 있는 인간적인 연결이었고, 고 팀장은 일개 부하 직원인 현수를 하나의 독립된 개인으로서 존중하고 이해해 주었습니다.

그리고 그렇게 형성된 심리적 안전감이 지금의 성장한 자신을 만들었다는 것을 알게 되었습니다.

팀장으로서의 첫 주, 현수는 모든 팀원들 한 명 한 명에게 이메일을 보내 원온원 미팅 일정을 잡고 주제를 미리 공유해 달라고 요청했습니다. 자신의 캘린더를 공유하며, 편하게 일정을 조율할 수 있도록 했습니다. 원온원 미팅을 통해 현수가 기대하는 것을 진심을 담아 작성했습니다. 이것이 심리적 안전감을 만드는 첫걸음이었습니다.

첫 원온원 미팅에서, 현수는 팀원 한 명 한 명과 진솔한 대화를 나누었습니다.

"민서씨, 이번 프로젝트에서 특히 어려운 점이 있다면 무엇인가요? 제가 어떻게 도와드릴 수 있을까요?"

현수는 진심으로 팀원의 의견을 들었습니다.

민서씨는 처음에는 긴장한 표정이었지만, 현수의 진지한 태도를 보고 점차 마음을 열었습니다.

"사실 이번 프로젝트의 일정이 너무 타이트해서 팀원들이 많이 힘들어하고 있습니다. 일정 조정이 필요할 것 같습니다."

현수는 민서씨의 말을 경청하며 고충을 이해하고, 이를 해결하기 위해 조치했습니다. 그는 프로젝트 일정을 재검토하고, 팀원들이 더 효율적으로 일할 수 있도록 일정을 조율했습니다. 이러한 즉각적인 변화들이 쌓이면서 팀원들은 현수의 리더십을 신뢰하게 되었고, 팀의 분위기는 더욱 좋아졌습니다.

그뿐만 아니라, 현수는 팀원들의 강점과 약점을 파악한 후 개개인에게 맞는 업무를 부여했습니다. 또한, 팀원들이 자신의 의견을 자유롭게 말할 수 있는 환경을 조성하기 위해 노력했습니다.

"여러분, 있는 그대로의 사실을 중심으로 적극적으로 소통하고 반대되는 이야기도 자유롭게 나눌 수 있는 문화를 만드는 것이 제 목표입니다. 저부터가 부정적인 소통, 아이디어를 차단하는 말을 하게 된다면 반드시 저에게도 이야기해주십시오. 이 문화가 형성되지 않으면 우리가 함께 성과를 내는 것이 어려워집니다."

팀원들은 점차 심리적 안전감을 얻었고, 이는 곧 팀의 성과로 이어졌습니다. 팀원들은 현수의 리더십에 따라 자신의 역량을 발휘하며 성과를 냈습니다. 5년이 지난 지금도, 현수는 초심을 잃지 않고 팀원들에게 인정받는 팀장으로 활약하고 있습니다.

현수의 이야기는 심리적 안전감과 그것을 만드는 원온원의 중요성을 보여줍니다. 심리적 안전감은 리더와 팀원 간의 신뢰를 바탕으로 형성되며, 그 신뢰는 원온원을 통해 빠르게 구축할 수 있습니다. 진정한 리더십은 구성원들의 목소리를 듣고, 반영하고, 함께 성장함으로써 심리적 안전감을 주는 것을 의미합니다. 조직의 성과와 혁신을 위해, 더 나은 조직 문화를 만들기 위해 원온원을 시작하십시오. 그리고 심리적 안전지대를 형성하십시오. 대화가 잘 되기 위해서는 심리적 안전감이 먼저 형성되어야 합니다.

09
배달의 민족 디렉터들이 업무의 50%를 직원 미팅에 사용하는 이유

옛날 옛적, 한 작은 마을에 '음식 배달'이라는 기적이 시작되었습니다.

마을 사람들은 이 기적 덕분에 식사를 손쉽게 주문하고 먹을 수 있게 되었습니다. 이 변화는 마을 사람들에게 큰 행복을 안겨주었지만, 그들은 여기에 만족하지 않고 더 나은 미래를 꿈꾸기 시작했습니다. 그렇게 '배달의 민족'이라는 앱이 탄생했습니다.

주인공 이지훈은 '배달의 민족'에 신규 개발자로 입사한 지 3개월 된 신입사원입니다. 지훈은 대학에서 컴퓨터 공학을 전공했고, 여러 프로젝트를 통해 자신감을 쌓아왔습니다. '배달의 민족'에 입사하게 된 것은 그에게 큰 기회였지만, 회사 생활의 시작은 생각보다 쉽지 않았습니다.

지훈은 입사 초기부터 디렉터 김과의 회의가 유난히 많다는 것을 느꼈습니다. 매주 월요일 아침이면 디렉터 김과 팀원들이 모여 열띤 토론을 벌였습니다. 처음에는 그 이유를 이해하지 못하고 불만도 많았습니다.

"왜 이렇게 회의가 많을까요? 우리는 개발을 해야 하는데, 회의 때문에 시간이 부족해요."

지훈은 같은 팀 동료인 박 대리에게 속내를 털어놓았습니다.

박 대리는 미소 지으며 말했다.

"처음엔 나도 그랬어. 하지만 곧 알게 될 거야. 디렉터님이 왜 이렇게 많은 시간을 회의에 쓰시는지."

그러다 결국 지훈은 김 디렉터와의 1:1 원온원 미팅에서 불만을 털어놓았습니다.

"디렉터님, 솔직히 말해서 회의가 너무 많아서 개발할 시간이 부족합니다. 왜 그렇게 많은 시간을 회의에 써야 하는지 잘 이해가 안 됩니다."

김 디렉터는 잠시 생각에 잠기더니 지훈을 바라보며 말했습니다.

"이지훈 씨, 내가 왜 회의에 많은 시간을 쓰는지 설명해줄게요. 첫 번째로, 비전과 목표를 명확히 하기 위해서입니다. 디렉터는 미팅을 통해 회사의 방향성을 설정하고, 중요한 결정을 내립니다. 우리가 매주 월요일 아침에 하는 회의는 팀원들에게 목표를 분명히 전달하고, 모두가 한 방향으로 나아갈 수 있도록 하기 위함입니다. 비전과 기대를 시각적으로 표현해주고, 모두를 이해시키기 위해 회의에 많은 비중을 투자하는 것입니다. 함께 일하는 과정에서 리더와 구성원이 같은 페이지 on the same page를 보는 것은 아주 중요합니다. 회의에서 양질의 대화가 이루어진다면, 같은 일을 두 번, 세 번 하거나 완전히 다른 결과물이 만들어지는 것을 막을 수 있습니다."

지훈은 고개를 끄덕이며 김 디렉터의 말을 들었습니다.

김 디렉터는 이어서 말했습니다.

"두 번째로 상호 소통과 팀 협업을 강화하기 위해서입니다. 디렉터들은 서로의 생각과 아이디어를 나누며 문제를 해결하기 위해 노력합니다. 이것은 팀의 결속력을 높이고, 앱의 품질과 서비스를 향상시키는 데 중요한 역할을 합니다. 한 명의 스타보다 여러 명의 팀워크가 더 중요합니다. 우리 조직의 핵심가치이기도 하지요."

지훈은 김 디렉터의 설명을 들으며 많은 생각을 하게 되었습니다.

며칠 후, 지훈은 박 대리와 함께 커피를 마시며 대화를 나누었습니다. 그들은 프로젝트에 대한 이야기를 하다가 자연스럽게 업무 방식에 대한 이야기를 나누기 시작했습니다.

"박 대리님, 디렉터님과의 원온원이 어떻게 도움이 되었나요?"

지훈이 물었습니다.

박 대리가 웃으며 답했습니다.

"처음엔 나도 그저 형식적인 대화라고 생각했지. 하지만 디렉터님은 항상 우리의 의견을 경청하고, 우리의 성장을 지원하려고 해주셔. 항상 열린 질문을 하면서 의미 있는 대화를 이끌어내기 위해 노력하시거든. 덕분에 내가 왜 일하는지, 앞으로 어떤 방향으로 나아가야 할지 찾을 수 있었지."

지훈은 고개를 끄덕이며 답했습니다.

"그렇군요. 사실 저도 그 점이 중요하다고 조금씩 느끼기 시작했어요. 우리의 몰입을 이끄는 동기, 즐거움, 의미, 성장에 대해 생각하게 되었어요. 디렉터님이 그 부분을 정말 잘 이해하고 계신 것 같아요."

박 대리는 동의하며 말을 덧붙였습니다.

"맞아. 그래서 우리는 주기적으로 원온원을 하면서 업무 얘기뿐만 아니라 개인적인 이야기까지 나누곤 해. 그렇게 서로의 힘든 점과 즐거운 점을 공유하면서 동기부여도 하고, 리프레시도 하는 거지."

이제 지훈은 팀원들과의 회의에서 김 디렉터의 말을 떠올리며 적극적으로 참여하기 시작했습니다. 그러던 어느 날, 사용자 인터페이스 개선 방안에 대한 회의가 열렸습니다.

"사용자 인터페이스를 좀 더 직관적으로 바꿔야 할 것 같습니다. 사용자들이 주문 과정을 더 쉽게 이해할 수 있도록 말이죠." 지훈이 제안했습니다.

김 디렉터는 고개를 끄덕이며 말했습니다. "좋은 생각이에요. 그런데 실제 구현에 들어가면 예상치 못한 문제가 생길 수 있습니다. 그걸 해결하기 위해 어떤 방안을 생각해볼 수 있을까요?"

이지훈은 잠시 고민한 후 대답했습니다.

"사용자 인터페이스 테스트를 단계별로 진행하는 건 어떨까 싶습니다. 일단 소규모 사용자 그룹을 대상으로 테스트하고 피드백을 받아서 점진적으로 개선하는 겁니다."

김 디렉터는 동의하며 말했다.

"좋아요. 그럼 각 팀에게 계획을 공유하고, 다음 주까지 가능한 솔루션을 제안받도록 합시다."

그렇게 지훈은 디렉터 김이 회의에 많은 시간을 쓰는 이유를 이해하게 되었습니다. 회의는 단순히 보고하며 시간을 소비하는 것이 아니라, 팀원들과의 소통과 협업을 통해 더 나은 결과를 만들어내는 중요한 과정이었습니다.

이후 지훈은 팀원들과 회의에서 논의한 내용을 바탕으로 프로젝트를 진행하며, 상호 소통과 협업의 중요성을 체감하고 있습니다. 또, 주의 시작마다 회사의 비전과 목표를 상기하며 한 방향으로 나아가려고 노력하고 있습니다.

'배달의 민족'의 디렉터들이 업무 시간의 절반을 미팅에 사용하는 이유는 명확합니다. 첫째, 비전과 목표를 명확하게 설정해 모든 팀원이 한 방향으로 나아갈 수 있도록 돕기 위함입니다. 둘째, 상호 소통과 협업을 통해 팀의 결속력을 강화하고, 더 나은 해결책을 찾아내기 위해서입니다. 이 과정에서 디렉터들은 팀원들의 의견을 경청하고, 성장을 도모하며, 신뢰를 쌓아가고 있습니다.

이외에도, '배달의 민족'은 정기적인 원온원을 하며 구성원들과 소통하고 있습니다. 이를 통해 구성원들의 의견을 듣고, 팀원 개개인의 성장을 도모하고 있습니다. 특히 원온원 진행 시에는 단답형으로 질문하지 않도록 열린 질문을 해 더욱 의미 있는 대화를 이끌어내고 있습니다.

구성원이 즐겁게 일할 수 있는 방향성, 프로젝트와 일의 의미, 성장할 수 있는 방향성을 고민하고 나누는 과정이 중요합니다. 리더가 구성원을 관찰하고 준비한다면 회의는 형식적인 미팅 시간이 되지 않을 것입니다. 또, 일하는 과정을 문서화하고, 그것을 사내 인트라넷을 통해 공유해야 합니다. 업무의 투명성을 높이고 팀 간 협업을 촉진하기 위함입니다.

작은 마을에서 시작된 '배달의 민족'은 현재 모든 사람이 더욱 편리하고 행복한 삶을 영위할 수 있도록 돕는 중요한 미션을 수행하고 있습니다. 이들의 헌신과 노력은 단지 배달 서비스를 제공하는 것에 그치지 않고, 사람들의 일상 속에서 새로운 가능성과 미래를 만들어가는 것으로 이어지고 있습니다. 이제 그들은 더 나은 세상을 향해 함께 일구어 나가고 있습니다.

더 나은 세상을 향한 발걸음은 정기적이며 진실된 소통시간, 원온원에서부터 시작됩니다.

4부
K-직장인의 강력한 성장도구

10

용기 있는 자의 손에 쥐어지는 성장 목걸이

제자의 인생을 바꾼 감독의 질문

선글라스도 단번에 뚫고 나오는 카리스마. 한 감독이 카메라에 잡힙니다. 최근 고교 야구에서 이름을 날리고 있는 한 고교 야구팀의 감독입니다. 그런 그가 선글라스 너머로 바라보고 있는 사람은 다름 아닌 야구의 신이라 불리던 상대편 감독이었습니다.

고교 팀 감독은 발걸음을 왔다 갔다 몇 번을 망설이다, 마음을 다잡고 상대편 감독에게 질문합니다.

"감독님, 식사는 하셨습니까?"

상대편 감독이 반응하며 대화의 물꼬가 열린 순간, 이 질문의 진짜 목표가 드러납니다.

"감독님, 우리 애를 한 번만 봐주시면 안 되겠습니까? 3번 타자인데 정말 재능이 뛰어납니다."

상대편 감독은 곧바로 3번 타자와 1:1 특별 수업을 했습니다. 무더운 날씨임에도 무려 40분 넘게 이어진 특별 수업. 수업을 마친 후 감독은 물었습니다.

"(바뀐 것이) 너도 느껴지지?"

"네, 느껴집니다." 3번 타자는 대답했습니다.

그 순간은 3번 타자에게도 특별한 성장의 계기가 되었던 것이 분명합니다. 1년 후, 그 선수는 2024년 신인 드래프트에서 지명되어 프로야구 선수로 거듭났습니다. 이 모든 일의 시작은 한 고등학교 야구팀 감독의 작은 용기에서 비롯되었습니다.

성장에 필요한 질문들은 우리의 생각보다 거창하지 않습니다. 조심스럽게, 작은 것부터 표현하는 것. 이것이 바로 가장 많은 '성장'을 이룰 수 있는 비법입니다. 이 정도 비법이야 이미 알고 있다 생각하십니까? 하지만 누구나 특정 공간, 특히 '회사'에서의 질문은 망설여질 수 있습니다.

아마 지금까지 회사에서 하게 되었던 질문들은 '그 순간을 무마하기 위한', '우선 빠르게 이 난관을 해결하기 위한' 질문이었을 수 있습니다. 이런 질문들은 빠르게 명확한 답을 주기는 하지만, 괜히 나의 부족을 드러내는 것 같고, '이것도 모르냐' 라는 대답으로만 되돌아오기도 합니다.

이제부터 들여다볼 내용은, 지금까지 수없이 했던 한 순간을 넘기기 위한 것이 아닌, 오히려 한 순간을 사용해서 성장을 이루는 질문에 대한 것입니다. 반드시 기억하십시오. 우리들의 성장을 위한 질문 시간,
바로 원온원(1on1)입니다.

자신의 회사 라이프를 바꾼 지훈의 질문

여기 서울의 한 중견 기업에서 근무 중인 28세의 청년 지훈 씨가 있습니다.

지훈 씨는 대학 졸업 후 여러 번의 실패와 좌절을 겪은 끝에 지금의 회사에 올 수 있었습니다. 맡은 직무도 만족스럽고 동료도 친절해서 좋았지만, 그는 어느 순간부터 자신의 커리어가 정체되었다는 느낌을 받곤 했습니다.

이제 지훈 씨는 더 나은 성과를 내기 위해, 또 자신의 커리어를 개발하기 위해 무엇이 필요한지 궁금해졌습니다. 회사에서는 원온원 미팅을 제공하고 있지만, 분기별로 한 번 진행되는 형식적인 미팅에 불과했습니다. 심지어 이조차도 바쁘다는 이유로 아예 하지 않기도 했습니다.

원온원을 함께 할 최 팀장님은 항상 바쁘고 정신이 없어 보였기 때문에, 그에게 미팅을 요청하는 것이 마치 폐를 끼치는 것처럼 느껴졌습니다. '아직 원온원 미팅이 몇 개월이나 남았는데, 미리 원온원을 요청드려도 될까..?' '원온원이 정말 효과가 있긴 할까..?'라는 생각만 들었습니다.

그러나 지훈 씨는 어떻게든 자신의 부족한 부분을 채우고, 새로운 목표와 비전을 향해 나아가고 싶었기 때문에, 최 팀장님께 원온원을 요청하기로

다짐했습니다. 최 팀장님의 캘린더를 확인해 빈 시간에 원온원 미팅을 요청했습니다.

원온원 미팅 당일, 지훈 씨는 마음을 추스르며 회의실 문을 두드렸습니다. 그러자 최 팀장님의 목소리가 들려왔습니다.

"들어오세요."

지훈 씨는 조심스럽게 회의실 문을 열고 들어갔습니다. 이후 최 팀장님과 원온원 미팅을 시작했습니다. 최 팀장님은 먼저 원온원 미팅을 신청해서 자신도 놀랐고 긴장했다며 분위기를 풀어주었습니다.

이후 지훈 씨는 천천히 자신의 이야기를 최 팀장님에게 나누었습니다.

1시간 뒤, 회의실 문을 열고 나오는 지훈 씨의 얼굴에는 후련함과 열정이 가득했습니다.

원온원 미팅은 지훈 씨에게 터닝 포인트가 되었습니다. 최 팀장님은 경험과 조언을 아낌없이 해주며, 지훈 씨의 고민을 해결해 주고자 노력했습니다. 그 과정에서 지훈 씨는 자신의 업무가 무엇인지, 왜 그 업무를 해야 하는지 명확하게 알게 되었습니다. 그리고 최 팀장님이 팀원들의 성장에 많은 관심과 고민을 하고 있었다는 것도 깨달았습니다.

이후에도 지훈 씨는 정기적으로 원온원 미팅을 하면서 리더와의 관계를 강화해 나갔습니다. 또, 진정성 있는 피드백 덕분에 앞으로의 목표와 방향성도 분명히 할 수 있었습니다.

회사에서의 성장을 위한 규칙

처음에는 원온원을 신청하는 것이 어렵고 두려울 수 있습니다. 그런데 왜 이렇게까지 한 번만 용기를 내어 도전하라고 하는지, 앞서 등장한 지훈 씨는 왜 이 미팅을 통해 후련함을 얻고, 분명한 성장을 얻을 수 있다고 말하는지, 궁금하지 않으십니까?

아래의 핵심 규칙 4가지는 원온원을 할 때 반드시 지켜야 하는 것들입니다. 이 규칙을 진정으로 이해하고 곱씹어 보길 바랍니다. 그래야만 원온원에 활용되는 질문들을 '나의 것'으로 만들 수 있습니다. 원온원 시간은 솔직하게만 말하는 것이 능사는 아닙니다. 우리가 있는 이 곳이 '일터'임을 명심해야 합니다. 기본적인 예의가 없는 솔직함은 독이 될 수 있죠. 원온원 시간을 통한 성장을 위해 지켜져야 할 핵심 규칙들을 소개하겠습니다.

규칙 1	반드시 피드백을 통한다
규칙 2	나의 경력 개발도 놓치지 않는다
규칙 3	관계는 줄타기가 아닌 블록 쌓기
규칙 4	불만이 아닌 다만

규칙 1 반드시 피드백을 통한다

직장 생활에서 나 홀로 고민하는 것은 의미가 없습니다.

원온원 미팅은 리더로부터 양질의 피드백을 받을 수 있는 절호의 기회입니다. 피드백을 통해 나의 업무 성과를 객관적으로 평가하고, 개선할 점을 파악할 수 있습니다. 제삼자의 눈은 여러분의 성장을 위해 반드시 필요합니다. 리더의 피드백과 스스로의 성찰로 강점과 약점을 파악하십시오. 그러면 더 나아진, 더 성장한 내 모습을 볼 수 있을 것입니다.

'반드시 피드백을 통한다.' 성장을 위해 원온원에서 지켜야 할 첫 번째 규칙입니다. 이 규칙에 따라 이렇게 질문해 보십시오.

"팀장님, 잠깐 시간 내주실 수 있을까요? 지금 진행 중인 프로젝트에 대해 피드백을 받고 싶습니다."

내 팀원이 이렇게 다가온다면, 리더는 은연중에 그 팀원을 평소에도 프로젝트에 대해 깊이 고민하는 성실한 팀원이라 생각하게 됩니다. 즉, 이 질문으로 여러분이 업무에 대해 책임감을 가지고 있으며, 계속해서 성장하려는 의지가 있음을 드러낼 수 있습니다. 원온원을 통해 리더에게 피드백을 요청하십시오.

규칙 2 나의 경력 개발도 놓치지 않는다

우리는 조직의 성장뿐 아니라 개인의 성장도 중요한 시대를 살아가고 있습니다. 원온원은 단순히 업무 중에 생긴 문제를 해결하는 것을 목적으로 하지 않습니다. 여러분의 커리어 목표를 설정하고, 그것을 달성하기 위한 구체적인 계획을 세우는 자리입니다. 리더와 대화하며 조직 내에서 어떻게 성장할 수 있는지, 어떤 기회가 있는지 찾아갈 수 있습니다.

"팀장님, 저는 앞으로 이 분야에서 전문가가 되고 싶습니다. 어떤 스킬을 더 배워야 할까요? 또, 제가 어떤 프로젝트에 참여해야 할지 궁금합니다."

리더에게 여러분이 장기적인 목표를 이루기 위해 고민하고 있음을 어필하십시오. 분명히 리더는 당신의 목표를 지원하기 위해 필요한 리소스를 확인하고 제공해 줄 것입니다. 원온원을 할 때, 내가 어떤 성장을 얻을 수 있을지, 이것이 내 커리어에 어떻게 도움이 될지 고민하는 것이 필요합니다.

규칙 3 관계는 줄타기가 아닌 블록 쌓기

회사에서의 '인간관계'란 무엇입니까? 누구의 라인을 타고, 그곳에서 아슬아슬한 줄타기를 하며, 다른 팽팽한 줄을 찾아 헤매는 것입니까?

이제는 우리에게 필요한 '인간관계'가 무엇인지 새롭게 정의해야 합니다. 인간관계가 줄타기가 되는 순간, 위태로울 수밖에 없습니다.

원온원에 기반한 관계는 매 순간 블록을 쌓아가는 것을 말합니다. 한 번의 대화에 한 개의 블록을 쌓습니다. 다양한 색의 블록을 조화롭게 쌓아 올려 단단한 관계를 구축해야 합니다. 물론 블록을 쌓다 보면 어긋날 때도 있고, 중간에 무너질 때도 있습니다. 그러나 우리가 처음 쌓았던 맨 아래의 블록은 절대 흔들리지 않습니다.

원온원 미팅은 리더와의 관계를 강화하고 신뢰를 키워가는 블록 쌓기의 과정입니다. 원온원을 통해 리더는 여러분의 업무 스타일과 목표를 파악할 수 있고, 여러분은 상사의 기대와 요구가 무엇인지 이해할 수 있습니다. 더 나은 협업과 성과는 좋은 인간관계에서 비롯됩니다.

"팀장님, 우리 팀의 목표가 무엇인지, 제가 어떻게 기여하면 좋을지, 더 알고 싶습니다."

이제부터 리더는 당신이 팀의 성공을 원하는 적극적인 동료라고 생각할 것입니다. 자연스럽게 당신의 열정과 의지를 보여주십시오. 리더는 더 깊은 신뢰를 바탕으로 중요한 업무를 맡길 겁니다.

규칙 4 불만이 아닌 다만

지금도 회사에서 일하고 있는 당신에게 묻고 싶습니다. 모든 업무에 만족하십니까?

눈을 감고 마음속으로 대답해 보시길 바랍니다. 대부분은 '아니오'라고 대답할 것입니다. 일을 하다 보면 자연스럽게 불만이 생길 수밖에 없습니다. 리더는 여러분의 불만을 알고 있지만, 그 불만을 모두 이해해 줄 수는 없습니다. 오히려 "내가 맡긴 일인데, 불만만 얘기하네?"라고 생각할 가능성이 높습니다.

이때 우리는 '불만이 아닌 다만!' 규칙을 기억해야 합니다. 원온원 미팅은 여러분이 업무를 하며 겪는 문제나 어려움을 솔직하게 공유하고, 지원을 요청하는 자리입니다. 리더와의 대화를 통해 더 효과적인 해결책을 찾아야 합니다.

하지만, 아무리 마음이 깊고 아량이 넓은 사람일지라도, 불만만 들으면 부정적으로 생각하게 됩니다. 말하지 않으면 모른다고 생각해 모든 불만을 다 말하게 되면, 스스로 불러온 재앙을 맞이하게 될 것입니다. 지금 내가 겪고 있는 문제를 해결하기 위해 필요한 것을 찾아 적립해 두십시오. 그리고 나서 리더에게 찾아가 '다만!' 이런 부분에서 어려움을 겪고 있다, 혹은 문제를 해결하기 위해 도움이 필요하다고 간결하게 말하는 것입니다.

"팀장님, 이번 프로젝트를 진행하며 저 자신이 많이 성장하고 있음을 느낍니다. 다만, 몇 가지 어려움을 겪고 있습니다. 이 문제를 해결하기 위해 팀장님의 도움이 필요합니다."

혹자는, 아예 어려운 상황을 공유하는 것을 두려워하기도 합니다. 어떤 부분이 어렵다고 말하는 것이 자신의 실력과 연결된다고 생각하기 때문이죠. 하지만, 이 순간을 지나쳐 다시는 돌이킬 수 없게 되는 것이 더 두렵다는 것을 이미 알고 있을 것입니다. 숨겼던 문제가 더 큰 문제로 번진다는 것을 누구나 알고 있지만, 이를 실제로 실천하기는 어렵습니다. 누구나 많은 사람들 앞에서 자신의 약점을 말하는 것을 어려워하죠. 원온원에서 만큼은 1:1의 상황에서 좀 더 과감히 현재 상황을 공유하고 피드백을 받아야 합니다.

얼마든지 지원을 요청하십시오. 리더는 당신이 문제를 회피하지 않고 해결하려는 모습을 보고, 물심양면으로 당신을 도울 것입니다. 말하지 않으면 모릅니다. 단순히 불만만 전하기보다는 '다만!'을 통해 있는 그대로의 상황을 솔직하게 전달해 원하는 바를 얻으십시오. 그 순간 당신은 혼자가 아니라는 것을 깨닫고, 함께 문제를 해결해 나갈 수 있을 것입니다.

나아갈 용기가 없다면, 성장도 없기에

지훈 씨는 용기 있게 원온원 미팅을 신청함으로써 놀라운 경험을 할 수 있었고, 고등학교 야구 감독의 용기 있는 말 한마디가 한 선수의 미래를 바꾸었습니다.

여러분, 용기를 내어 원온원을 하십시오! 직장에서 낸 작은 용기가 큰 성장을 만들어 냅니다. 원온원은 단순한 면담이 아닙니다. 당신의 목소리를 들려주고, 리더의 진정성 있는 피드백을 받아 성장할 수 있는 전환점입니다.

적극적으로 움직이는 사람만이 그만큼의 결과를 얻을 수 있습니다. 원온원을 신청하는 것이 당신의 커리어를 빛나게 하고, 일터에서 성장하게 하는 첫걸음이 될 것입니다.

작은 용기가 큰 변화를 만듭니다. 이제 당신의 차례입니다.

11

T 상사와 F 팀원의
불편한 동거

단언컨대 가장 대세의 질문이라면 역시

학생1 하림쌤 MBTI 뭐예요?
학생2 딱 봐도 'E'이실 것 같음.
학생1 아니야, 은근 하림쌤 같은 분들이 'I'인데 'E'처럼 보이려고 노력하는 분일 수도 있어.

교사 시절, "쌤, 첫사랑 이야기 해주세요."보다 자주 받은 질문이 하나 있습니다. 바로 MBTI 입니다.

처음보다 열기가 사그라들었지만, 여전히 MBTI는 우리의 삶 속에 깊숙하게 들어와 있습니다.

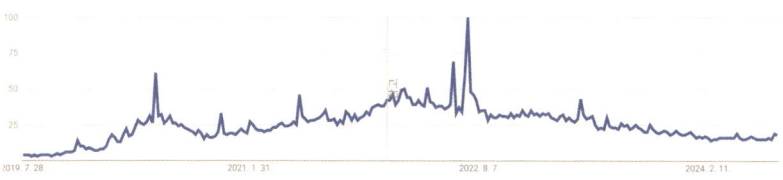

MBTI는 2022년도를 기점으로 관심도가 감소하는 것처럼 보이지만, 이미 검색해볼 사람들은 다 검색해봐서 감소해 보일 수 있습니다.
(출처: 구글트렌드)

최근 신입사원을 상대로 강의를 진행한 적이 있습니다. 그때 강의장 분위기가 너무 좋아

"왜 이렇게 화기애애해요~ 오늘 처음 본 것 맞아요?"

라고 물었습니다. 그랬더니

"강사님! 저희 모두 MBTI가 E더라고요!"

라고 말하며 웃던 모습이 아직도 눈에 선합니다.

"MBTI가 뭐예요?"라는 질문이 없었다면, 우리는 첫 만남에 뭐라고 말했을까요? MBTI 전에는 혈액형이 있었고, 그 이전에는 화성에서 온 남자, 금성에서 온 여자도 있었습니다.

그런데 어느 시점부터 대중들은 혈액형 대신 MBTI를 말하고 있습니다. MBTI의 시대가 왔다고 말해도 과언이 아니죠. 일부 심리학자들은 MBTI

를 인정하지 않으며 부정적인 의견을 내비치기도 합니다만, 이제는 가뿐히 혈액형을 뛰어넘은 것을 보면, MBTI가 대중들의 신뢰와 선택을 받고 있는 성격 검사임은 틀림없는 것 같습니다.

개인적으로도 나를 이해하고 타인을 이해할 수 있다는 점에서 충분히 의미가 있다고 생각합니다. 앞으로 함께 할 사람을 알고 싶어한다는 점에서 귀엽다고 느껴 지기도 합니다.

그런데 조심해야 할 부분은 있습니다. MBTI가 사람을 '판단'하는 기준점으로 작용하면 안 된다는 것이죠. 예전에는 '성격이 조금 안 맞네, 뭐 그래도 어쩌겠어 맞춰 봐야지~!'라고 생각하며 가볍게 넘기던 것들이, '저 사람 T니까(F니까) 나랑 절대 안 맞겠네'라고 단정 짓는 것이 아주 '쉬워'지기 시작했습니다. 오죽하면 소개팅 자리에서 MBTI를 먼저 물어보고, 원하는 MBTI가 아니면 바로 헤어진다는 밈이 돌기도 했죠.

이러한 현상은 직장에서도 발현되고 있습니다.

동료 혹은 상사와 대화할 때, '소통이 가장 힘들다'를 주제로 뽑자면 빠지지 않는 것이 바로 F와 T의 성향입니다. 이 두 성향이 많이 언급되는 이유는 아마, 서로를 '이해'하지 못하는 순간이 잦아 그 자체로 흥미롭기 때문이고, 자칫 대화 중 마음에 스크래치가 날 가능성이 높기 때문일 것입니다. 그리고 이는 직장에서 특히 두드러지게 나타납니다. 업종마다 다르지만, 대부분의 직장에서는 짧은 순간에 빠르게 소통하는 경우가 많습니다. 빠르게, 급하게 의사소통을 하다 보면, 각자가 가진 성향을 거침없이 드러내게 됩니다.

그렇게 현실적인 T는 감성적인 F를 이해하지 못하고, 감성적인 F는 현실적인 T를 어려워하게 되는 것이죠. 그렇다면 우리는 어떻게 해야 될까요? 그 해답을 지금부터 알려드리겠습니다.

업무 속 흔하게 찾아볼 수 있는 T와 F의 대화

서울에 있는 중견기업에서 일하는 27살 사회초년생인 민지 씨. 대학 시절 MBTI가 유행했었기에, 남들과 비슷한 정도의 관심이 있었습니다. 실제로 입사 동기들과 처음 만났을 때 자신의 성격 유형이 ENFJ라는 것을 공유하기도 했습니다. 입사 동기 3명이 모두 E와 F여서 단톡방 이름으로 뭘 할까 고민하다 '3EF'로 만들기도 했죠.

그런 민지 씨를 힘들게 하는 인물이 있었습니다. 바로 직속 상사인 박팀장이었습니다.

박 팀장은 평소 업무 내용도 대화가 조금이라도 길어진다 싶으면 "쓸모없는 이야기는 하지 마세요. 시간 낭비입니다."라고 답하며 일순간 대화를 종료하는 상사였습니다. '대문자 T십니까?'라는 말을 차마 뱉지는 못하고, 속으로 되뇌이기만 수 십번이었습니다.

오늘도 별다를 것이 없는 아침이었습니다. 다만, 민지 씨는 거래처와 연락이 안 되어 답답함을 느끼고 있었습니다. 회사 내부 사정으로 오늘 미팅 진행이 어려워, 거래처 김 과장님과 미팅 일정을 급하게 조율해야 하는데, 어제부터 연락이 닿질 않았던 것입니다. 그래도 과장님께 어제 문자로 미팅이 불가능하다는 내용은 문제없이 전달했었기에 '설마, 괜찮겠지'라고 생각하며 다른 업무를 보기로 했습니다.

'띠리링' 오늘따라 유난히 조용하던 사무실의 적막을 깨는 벨소리. 거래처의 업무용 휴대폰 번호였습니다. 민지 씨는 이상함을 느끼며 급하게 전화를 받았습니다.

민지 네, 여보세요..?

??? 아 대리님. 잘 지내셨죠? 김 과장입니다!

민지 네 과장님.. 제가 어제부터 계속 연락 드렸는데.. 혹시 문자 못 보셨어요?

김 과장 하, 제가 핸드폰을 잃어버린 거 있죠. 업무 폰이라도 있어서 다행이죠. 서울 잘 도착했습니다. 오늘 미팅 3시 맞죠?

　순간 눈앞이 캄캄해지고, 귀가 물 먹은 것처럼 멍멍해졌습니다.
　"대리님, 대리님?"
　김 과장의 목소리가 다시 들리기 시작했고, 머릿속에는 오만가지 생각이 스쳐 지나갔습니다. '왜 김과장님의 휴대폰으로만 연락을 했을까..' '업무용 휴대폰에도 남겨놨어야 했는데..' 민지 씨는 축축하게 젖은 손바닥을 문지르며 눈을 딱 감고 말했습니다. "김 과장님, 죄송합니다. 회사 내부 사정이 있어서.. 오늘 미팅을 진행할 수 없을 것 같습니다."
　지방에서 힘들게 올라왔던 김 과장은 화를 냈고, 민지 씨는 죄송하다는 말밖에 할 수가 없었습니다. 상황이 일단락된 후, 민지 씨는 스스로에게 너무도 큰 실망과 좌절을 느꼈습니다.
　이 소식은 들은 박 팀장은 곧바로 민지 씨를 호출했습니다. 박 팀장이 내뱉는 한숨은 민지 씨를 더 주눅 들게 했습니다.

박 팀장 민지 씨, 이번 일은 정말 큰 실수였습니다. 거래처와의 소통이 이렇게 엉망이면 우리 회사 이미지가 어떻게 되겠습니까? 정신 안 차리세요? 도대체 무슨 생각으로 일하고 있는 거예요? 집중은 하고 있습니까?

민지 정말..정말 죄송합니다, 팀장님, 김과장님이 휴대폰을 잃어버렸을 거라 예상하지 못했..

박 팀장 그건 핑계입니다. 제발 제 앞에서 핑계 대지 마세요. 연락이 안 되면 다른 방법을 미리 생각했어야죠. 그냥 민지 씨가 부주의한 결과입니다. 거래처의 업무용 연락처도 있지 않습니까? 정말 이해할 수 가 없네요. 앞으로 절대 이런 실수를 하지 않도록 피드백 철저하게 하세요!

단 10분의 대화였지만, 민지 씨에게는 마치 10시간과도 같은 압박감이었습니다.

이미 거래처 김 과장과의 관계에서부터 자책하는 괴로운 감정에 더해, 박 팀장과의 대화는 민지씨의 기분을 더욱 나락으로 끌고 갔습니다.

이 것이 민지씨에게 닥친 '한 순간'입니다. 이 '한 순간'을 어떻게하면 우리는 성장의 순간으로 삼을 수 있습니까?

1 첫 번째: "아, 박 팀장님.. 한 마디, 한 마디가 상처네. 진짜 성향 너무 다르다. 너무 말하기 싫다.."

2 두 번째: "이렇게 끝나면 더 최악이야.. 차라리 내 다짐을 보여주고 피드백을 받자.."

그렇습니다. 이 세상의 수많은 민지 씨에 드리고 싶은 말은, 정말 진심으로 첫 번째 선택은 고르지 않길 바란다는 것입니다.

T와 F의 대화는 정말 해결법이 없는가?

T와 F의 가장 큰 차이점은 '문제해결'에 치중하냐, 아니면 '인간관계'에 집중하느냐입니다. 이는 논리 해결적 사고와 관계 지향적 사고로 구분됩니다. 이를 간편하게 T적 사고와 F적 사고로 표현하겠습니다.

T적 사고가 강한 사람은 위 상황에서 문제 해결에 집중합니다. 민지 씨가 괜찮은지, 어떤 감정을 느끼고 있는지는 문제를 해결하는 데 불필요한 정보라 생각합니다. 그래서 실수한 부분을 지적하고 고칠 것을 요구합니다. 박 팀장처럼 말입니다.

F적 사고가 강한 사람은 위 상황에서 상대의 감정을 생각합니다. 피드백은 나중에 하더라도, 민지 씨가 어떤 생각을 하고, 어떤 감정을 느꼈는지가 중요합니다. 그래서 상대방을 위로하는 말을 먼저 건넵니다. '민지 씨, 요즘 정신이 없었죠.. 괜찮아요?'

흥미롭게도, 이러한 사고들은 우선적으로 나타나는 특성이 다를 뿐 결국에는 같은 사이클을 돌게 됩니다. T인 사람은 문제 해결에 집중한 후에 짧게나마 F적 사고를 하고, F인 사람은 휘몰아친 감정이 가라앉으면 짧게나마 T적 사고를 하는 것입니다.

민지와 박 팀장 사고의 사이클

민지씨	박 팀장
너무 손 떨린다. 아, 거래처 김과장님 너무 실망하셨겠지? 진짜 괴롭다	흠, 사고가 났군. 우선 빠르게 해결해야 겠어
내 잘못이라는 것 당연히 알고 있어. 마음이 너무 괴롭지만 상황 수습·해결하자	대체 이런 일이 왜 발생하게 된거지? 원인을 파악해야겠어
진짜 너무 괴로웠던 하루다.. 마음이 빠르게 회복이 안되네..	민지씨 굉장히 놀랐겠군.. 자, 내 다음 할 일은~

다만 현실적으로 업무 도중에 이러한 사이클을 기다려주는 것은 불가능합니다.

그래서 우리에게 필요한 것이 원온원입니다. 원온원은 서로의 사고가 한 사이클을 돌 수 있을 만큼의 시간을 보장합니다. 또, 전체가 보고 있지 않아 자신의 약점을 비교적 수월하게 이야기할 수 있습니다.

첫째, 서로의 사고가 한 사이클을 돌 수 있는 시간을 갖는 것

민지 팀장님, 스스로 피드백을 해보았습니다. 거래처와의 소통에 문제가 생겼음에도 팀장님께 중간 공유를 드리지 않아 죄송합니다. 제 안일한 생각이 문제로 이어졌음을 알게 되었습니다. 거래처 김 과장님과는 어제 다시 연락드려 사과를 드렸습니다. 다행히 김 과장님도 자기가 휴대폰을 잘 챙기지 못했던 부분이 있다며 잘 마무리 해주셨습니다.

박 팀장 수고했네요. 어쨌든 민지 씨도 놀랐겠어요.

민지 (팀장님이 이렇게 말씀해주시다니) 어.. 그렇게 말씀해 주셔서 감사합니다..! 앞으로 거래처와의 소통에서 실수하지 않도록 스스로 더 피드백 하겠습니다.

둘째, 일대일이라는 특수성이 제공하는 솔직함의 힘을 믿는 것

민지 앞으로 거래처와 소통을 원활하게 하기 위해 미리 가능한 일정을 공유하고, 미리 다양한 소통망을 확보해 두겠습니다. 예기치 못한 상황이 발생할 경우, 곧바로 팀장님께 보고드려서 조치할 수 있게 하겠습니다.

박 팀장 네, 앞으로는 문제가 생기면 바로바로 보고해 주세요.

민지 네, 팀장님. (진짜 말해도 될까…? 이런 기회가 별로 없기는 하지..) 그리고.. 드릴 말씀이 있습니다.

박 팀장 네? 말씀하세요, 듣겠습니다.

민지 정말.. (머뭇) 정말 솔직하게 말씀드리면, 어떤 순간에는 팀장님의 말이 상처로 다가올 때가 있는 것 같습니다.

박 팀장 (조금 놀란 표정으로 민지를 바라본다. 사실 그는 한 번 더 반박하고자 했지만, 말에 대해 고민을 나눠준 사람 앞에서 반박하는 것은 좋은 대처가 아닐 것 같아 넘어가며) 저는 단지 업무의 결과에 대해 피드백을 준 것이었습니다만, 상처를 받으셨군요..

민지 업무에 대한 피드백이라는 것 잘 알고 있습니다. 제가 감정을 추스리지 못한 부분도 있습니다.. 하지만 저는 그런 말을 듣게 되었을 때, 오히려 위축되는 경향이 있어서.. 이번에 말씀드립니다..!

박 팀장 네, 솔직하게 아직은 업무에서 감정이 배제되어야 한다고 생각하지만, 제 말에 상처를 받았다는 것은 많이 놀랐습니다. 미안합니다. 계속 결과와 효율성을 중시하다 보니, 때때로 감정적인 부분을 놓칠 때가 있어요. 저도 노력해 보겠습니다. 어제 오늘 고생했습니다.

민지 네..! 정말 감사합니다.

대화에도 골든 타임이 있다구요?

다양한 대화가 넘쳐나는 직장. 이 직장 생활 속 대화에는 골든 타임이 존재합니다. 골든 타임이란 어떤 위기 상황이 발생한 후 생명을 살리고 상태를 호전시킬 수 있는 가장 중요한 시간대를 의미합니다. 각 대화의 목적과 상황을 고려하여 적절한 골든 타임을 사용해 보십시오.

골든타임 : 5분의 대화

가장 많이 사용되는 대화 유형입니다. 긴박한 상황에서 빠르게 핵심 정보를 주고받기 위해 사용합니다.

"프로젝트 마감 언제까지 됩니까? 공유해주세요."
"지금 바로 고객 응대 필요합니다. 담당자 확인해 주세요."

처럼 짧은 시간 내에 마무리해야 하는 대화입니다.

골든타임 : 10분의 대화

전체 회의를 진행할 때, 의사를 물어볼 때 많이 사용됩니다. 대화의 포인트를 짚거나 상황을 점검하는 등 다양한 목적으로 활용될 수 있습니다. 대표적으로

"이 문제를 어떻게 해결해야 할까요?"
"다음 주 목표는 무엇으로 설정할까요?"
등의 예시가 있습니다.

골든타임 : 1시간 (원온원 미팅)

가장 중요한 대화입니다. 서로에 대한 깊이 있는 대화와 상호 소통을 통해 업무뿐 아니라, 역량, 재능, 성향 등을 이해할 수 있는 시간입니다. 최소 1시간 이상씩 정기적으로 진행되었을 때 더욱 확실한 효과가 나타납니다.

"최근 진행하고 있는 프로젝트에 대해 어떻게 생각하시죠?"
"현재 직무에서 어떤 부분이 가장 힘드세요?"
"최종적으로 이루고 싶은 목표가 무엇입니까?"

민지 씨와 박 팀장의 경우, 골든 타임 1시간을 추천드립니다. 서로를 이해하기에 5분, 10분의 대화는 너무 짧습니다. 서로의 성향을 바꿀 수는 없지만, 인정하고 함께 조화될 수 있습니다. 서로를 이해하는 그 순간의 짜릿함을 느껴보십시오! 필자도 F적 사고가 강해 처음에는 어려움을 겪었습니다.

그러나 T적 사고를 지닌 직장 동료에게 칭찬을 받았을 때, 그리고 그 동료가 나를 이해해 주었을 때의 감동을 잊을 수가 없습니다. 물론 T적 사고의 동료도 필자의 리액션에 예상치 못한 감동을 받을 때도 있었습니다.

원온원은 성향의 차이를 아무것도 아닌 것으로 만들어 줍니다. 여러분도 지금 당장 도전하고, 그 놀라운 효과를 직접 경험하길 바랍니다.

12
1등만 기억하는 더러운 세상

"1등만 기억하는, 이 더러운 세상!"

어느 개그 프로그램에서 나온 이 외침은 사람들의 심금을 울리는 유행어로 남았습니다. 회사원들이 술에 취해 경찰서에 온 것을 컨셉으로 했지만, 이 말은 당시 회사원뿐 아니라 학생들에게도 엄청난 반향을 불러 일으켰습니다. 유행어에는 시대상이 반영되고, 사람들의 공감을 일으키는 요소가 담겨 있습니다. 이 문장이 대한민국 전 세대의 공감을 얻었다는 것은 여러 모로 슬픈 사실입니다. 태어난 순간부터 끊임없는 경쟁과 비교한 것이 모두의 내면에 새겨져 있다는 반증이기 때문입니다.

우리는 고등학생일 때, "대학생만 되면!"이라 외쳤고, 대학생일 때는 "취직만 성공하면!"이라는 환상에 사로잡혔습니다.

직장 생활 역시 실력과 성과로 펼쳐지는 경쟁의 장인지도 모르고 말이죠.

괴롭다 괴로워 괴롭다 괴로워

　동준은 입사한 지 이제 막 6개월이 지난 사회 초년생입니다. 처음에는 무슨 일이든 다 해낼 수 있을 것 같다는 자신감이 있었지만, 점차 직장 생활의 어려움에 직면하며 조금씩 지쳐가고 있습니다. 다행히도 동준에게는 마음을 터놓고 이야기할 수 있는 입사 동기 민현이 있었습니다. 둘은 점심시간마다 만나서 시시콜콜한 이야기를 나눴습니다. 때로는 불만 가득한 말도 하며 감정을 해소하고 에너지를 얻어갔습니다.

　이날도 평소와 다름없는 하루였습니다. 다만, 어제부터 연봉 재계약이 시작되어 모든 신경이 연봉에 쏠려 있었습니다. 동준은 민현에게 큰 생각 없이 연봉 인상률을 물어봤습니다. 그리곤 곧바로 후회했습니다. 서로의 연봉 인상률을 알게 된 순간, 동준의 머릿속에는 "나보다 저렇게 높다고?" "내가 뭘 잘 못했었나..?"라는 생각만 가득해졌습니다.

　이후 동준은 길고도 괴로운 비교의 시간을 겪게 되었습니다. 자신의 어떤 점이 부족했을까 자책하고, 상사에게 칭찬받는 민현에게 자꾸만 시선이 갔습니다. 최근에는 민현이 중요한 프로젝트에 참여한다는 소식을 듣고 자신의 처지에 큰 한숨을 쉬기도 했습니다. 동준의 의욕과 자존감은 바닥이 나기 시작했습니다.

　한편, 4년 차 디자이너 예진이 있습니다. 예진은 무난하게 업무를 처리하며, 그 상황에 만족하며 하루하루를 보내고 있었습니다. 이렇게 안정적인 삶이 계속되기를 바랐습니다. 그러나 직속 후배로 지연이 들어오며 모든 것이 바뀌기 시작했습니다. 지연은 2년 차밖에 되지 않았지만, 그동안 높은 강도로 업무를 해왔기에 빠르게 적응하였습니다. 자신이 맡은 일을 뚝딱 마치고 다른 일을 찾아서 했습니다. 많은 동료가 지연을 칭찬했습니다.

그러던 어느 날, 디자인팀 전체 미팅이 열렸습니다. 업무에 변동이 생겼던 것입니다. 그 이야기를 듣자마자 예진은 자신의 귀를 의심했습니다. 예진이 하고 있던 메인 5개 중 3개를 지연에게 넘기고, 지연이 맡던 서브 업무 1개를 하게 된 것입니다. 이 순간, 예진은 선배로서의, 디자이너로서의 자존감을 완전히 잃었습니다. 일을 어떻게 해야 할지, 이 상황을 어떻게 해결해야 할지 감이 잡히지 않았습니다. 의욕을 잃고 지연과 계속 비교하며 스스로를 깎아내리기 시작했습니다.

비교의 함정에 빠진 동준과 예진

동준과 예진은 무서운 비교의 함정에 빠졌습니다. '비교'라는 감정은 사람의 자존감을 좀먹으며, 다른 사람으로부터 완전히 고립시킵니다. 더 무서운 점은 스스로도 비교를 추악하고 부끄럽게 생각하고 있다는 것입니다. 비교의 대상이 실수하거나 주춤할 때 마음속으로 안심하는 자신의 모습을 보며 엄청난 창피함을 느낍니다. 이미 내 마음에 가득 차 있는 비교의 마음을 티 나지 않게 눌러가며, 아무 상관 없다는 양 비교의 대상을 함께 칭찬하고 있을 때, 그 속을 까맣게 타들어 갈 것입니다. 이렇게 자존감을 잃고, 더 못나지고, 또 비교하게 되는 악순환에 빠지게 됩니다.

이러한 비교의 함정은 삶에서 빈번하게 나타납니다. 특히 직장에서 더 쉽게 발현되곤 합니다. 그렇다면 이 함정에서 빠져나올 방법은 정말 없는 것일까요? 지금부터 동준과 예진이 비교의 함정에서 빠져나오는 방법을 보여드리겠습니다.

동준과 예진은 이런 비교의 감정이 자신의 삶 전체를 좀먹고 있다는 것을 깨달았습니다. 더불어 소중한 입사 동기와 열심히 일하는 후배를 잃을까 두려웠습니다. 그래서 동준과 예진은 용기를 냈습니다. 당장 문제를 해결할 수는 없겠지만, 이 문제를 누군가에게 말해보고 싶다고 생각했습니다. 그리곤 자신들의 리더를 찾아가 현재 상황과 심적인 상태를 공유했습니다.

김 팀장 동준씨 요즘 어떻게 지내고 있어요, 잘 지내요?

동준은 갑자기 누가 빗자루로 마음을 쓸어내리듯, 까슬까슬한 감정이 올라왔습니다.

동준 솔직히 요즘 조금 힘듭니다. 주변 사람들을 보면서, 내가 정말 이 회사에 어울리는 사람인지 의문이 드네요.. 자꾸 비교하게 되고, 그럴수록 자신감이 떨어지는 걸 느낍니다.
김 팀장 음.. 동준씨, 혹시 라틴어의 성적 구분이 어떤지 압니까? 우리나라처럼 수우미양가가 아닙니다. 아 그 세대가 아닌가요? (웃음) 라틴어는 좋음, 잘했음, 우등, 우수, 최우등으로 구분합니다. 모든 평가가 긍정적인 표현이죠!
동준 신기하네요..
김 팀장 동준 씨는 충분히 잘하고 있습니다. '잘하고, 못하고'가 아닙니다. 잘하고 있는 연속적인 선에 우리 모두 같이 걷고 있는거에요. 나는 앞으로 더 잘하게 될거고, 발전할 것이다! 라는 마음이 더 도움이 될 것이라는 말입니다. 지금도 이렇게 회사에서 잘 적응해 내고 있지 않습니까? **남보다 잘하냐**가 아니라, **전보다 잘하는 것**이 중요해요. 물론..1년차 때에도, 3년 차 때에도 저는 지금까지도 한 번씩 이런 고민이 생기더라고요. 그 때마다 마음을 이렇게 다잡으려 노력합니다. 동준 씨에게 이 말을 꼭 해주고 싶었어요.

김 팀장은 계속해서 말했습니다.

김 팀장 원온원 미팅 신청 잘했어요. 꾸준하게 찾아와 주세요. 다른 사람과의 비교가 아닌, 나 자신에 대한 피드백을 할 수 있는 소중한 시간이 될 거예요. 앞으로 원온원 시간에는 오롯이 동준 씨에게 집중해서 강점과 발전 가능성을 찾아봅시다!

이날 동준은 처음으로 자신의 강점이 무엇인지 생각해 보는 시간을 가졌습니다. 그리고 김 팀장과 함께 자신의 업무 능력을 객관적으로 평가하며 개선할 점을 찾기 시작했습니다. 동준은 점차 자신에 대한 이해가 깊어졌고, 자신만의 강점을 발견하기 시작했습니다.

예진의 상황은 더 어려웠습니다. 후배보다 무능하다는 비교가 너무나 큰 타격으로 돌아왔기 때문입니다. 하지만 예진은 무너지고 있는 자신의 모습이 더 한심하게 느껴졌습니다. 그래서 박 팀장을 찾아가 원온원 미팅을 요청했습니다.

박 팀장 예진 씨, 무슨 일이에요? 이렇게 일대일로 미팅을 신청하고.
예진 팀장님, 드릴 말씀이 있어서요.
박 팀장 어머, 저 이런 말 무서워하는 거 알면서. 그래서 무슨 일인가요?

예진은 박팀장에게 차분하게 상황을 공유하였습니다. 자신의 업무 능력에서 오는 괴로움과, 이번에 업무를 조정하는 부분에서 왔던 괴로움까지 말입니다.
박팀장은 차분하게 이 말을 듣다가 조심스럽게 입을 열었습니다.

박 팀장 으음.. 저도 그런 순간이 있었습니다. 사실 저도 경험자예요. 근데 예진씨, 제가 경험해보니까, 비교는 나를 파괴하고 망치는 첫걸음이었습니다. 누군가와 자신을 비교하는 순간, 그 사람의 장점만이 보이고 나의 부족한 점만 보이게 되더라고요. 예진씨가 묵묵하게 열심히 일해온 것, 저는 너무 잘 알고 있습니다. 예진씨가 스스로를 더 건강하게 바라볼 수 있도록 돕겠습니다. 오히려 4년 차인 예진씨가 이런 성장에 대한 고민을 말해줘서 너무 고맙습니다.

박 팀장은 자신의 경험을 바탕으로 응원의 말과 함께 구체적인 피드백을 제공했습니다. 이때부터 예진은 일하는 것에 다시 재미를 느끼며 성장하기 시작했습니다. 박 팀장도 그런 예진에게 더 다양한 기회를 주었습니다. 예진은 원온원을 통해 그동안의 고민을 해결하고, 업무뿐 아니라 인간적인 면에서 성장했습니다.

동준과 예진은 스스로의 변화를 느끼고 있습니다. 물론 아직까지는 비교의 마음이 종종 고개를 들며 괴롭히기도 합니다. 하지만 그 함정에 빠지지 않을 수 있는 원동력을 얻었기에 흔들리지 않았습니다. 혹시 비교의 함정에 빠졌을 때는 리더에게 가서 도움을 요청해 바로바로 해결해 나갔습니다.

둘은 더 이상 남과 자신을 비교하려 하지 않았고, 대신에 어제의 자신과 비교하며 앞으로 나아갔습니다. 이처럼 동준과 예진은 원온원 미팅을 통해 비교의 함정에서 벗어났습니다.

비교의 함정에서 벗어나게 하는 원온원

원온원 미팅을 통해 동진과 예진은 타인과 자신을 비교하지 않을 수 있었습니다. 또한, 사람마다 자신만의 속도가 있고, 그 속도에 따라 성장하고 있음을 깨닫게 되었습니다.

이제부터는 그 구체적인 방법을 알아보겠습니다. 비교의 함정에서 벗어나기 위해 다음과 같은 원칙을 세우시기 바랍니다.

---

1 **자신의 강점을 인정하기**

자신이 잘하는 부분을 인식하고, 그것을 더욱 발전시켜라.

---

2 **꾸준한 자기 피드백**

원온원 미팅을 통해 자신의 상태를 점검하고, 필요한 개선점을 찾아라.

---

3 **긍정적인 사고 유지하기**

비교 대신 자신의 성장을 축하하며, 긍정적인 마인드를 유지하라

---

4 **목표 설정과 성취**

작은 목표를 세우고, 하나씩 달성하면서 성취감을 느껴라

세계적인 자기개발 전문가 브라이언 트레이시는 "탁월한 인물이 가진 특성 가운데 하나는 결코 다른 사람과 자신을 비교하지 않는 것이다." 라고 말했습니다. 더하여 "그들은 자신을 자기 자신, 즉 자신이 과거에 이룬 성취와 미래의 가능성과만 비교한다." 라고 역설했습니다.

동준과 예진의 이야기는 원온원 미팅을 통해 자신을 돌아보고 성장할 수 있는 기회를 제공한다는 것을 보여줍니다. 비교의 함정에 빠지지 않기 위해, 또 그 늪에서 벗어나기 위해 원온원을 하십시오. 자신을 객관적으로 바라보고 피드백 할 수 있다면, 비교를 이겨낼 수 있을 것입니다.

1등이 아닌 나를 기억하라

여러분, 1등이 아닌 나 자신을 기억하십시오.

원온원을 하며 나 자신을 돌아보고, 성장할 수 있는 기회를 맘껏 누리시길 바랍니다. 원온원 미팅 역시 '누가 더 잘 한다, 더 많이 한다'의 비교 대상이 아닙니다.

어제의 나와의 경쟁에서, 그리고 내일의 나와의 경쟁에서 1등하는 '나'를 상상하며 성장하십시오!

13

번아웃의 불길을 막아주는
원온원 방패

"영수 씨, 요즘 무슨 일 있어?"

영수는 요즘 하루가 멀다고 이 말을 듣고 있습니다. 최근 영수는 반복되는 업무에 대한 무력감과 스트레스로 인해 처음 겪어보는 감정을 느끼고 있습니다. 처음에는 정신 상태가 문제라고 생각해 매일 야근하기도 했지만, 오히려 역효과가 나서 지금은 완전히 지쳐버리고 말았습니다. 그렇게 스트레스가 쌓인 영수는 사소한 일에도 짜증을 내는 자신을 발견하게 되었습니다. 그러던 중, 영수는 프로젝트 도중 실수를 저지르고 말았습니다. 예전의 영수였다면 하지 않았을 매우 기초적인 실수였습니다. 팀장이 자신에게 소리치고 있는데도, 영수는 속으로 다른 생각을 하고 있었습니다. 오히려 '중요한 프로젝트도 아닌데..'라고 스스로 합리화하고 있었죠.

현장에서 컨설팅을 하다 보면, 정말 위험하다고 생각되는 신호가 있습니다. 바로 누가 봐도 무기력한 얼굴, 표정, 일하면서 내쉬는 무의미한 한숨 등입니다. 여러분의 업무 신호등은 초록불입니까? 아래의 번아웃 체크리스트를 작성해 보십시오. 문장에 공감이 된다면 체크하면 됩니다.

번아웃 체크리스트

	상황	체크
1	분명 잠을 자긴 했는데, 아침에 눈을 뜨는 것이 너무 어렵습니다. 하루 종일 몸이 무겁습니다.	☐
2	두통 같은 몸의 변화가 느껴집니다. 병원에 가려 하는데 이상하게 회사만 나서면 뭔가 괜찮아지는 것 같습니다.	☐
3	업무를 할 때마다 기운이 없습니다. 기쁨을 찾기가 어렵고, 굳이 기쁨을 찾고 싶지도 않습니다.	☐
4	오늘 업무나 상사와의 대화가 걱정됩니다. 막상 그것을 위해 하는 것은 없지만, 불안한 것은 어쩔 수 없습니다.	☐
5	업무 성과를 냈습니다! 하지만 이상하게도 아무런 감정이 느껴지지 않습니다. 그냥 '일 하나가 또 끝났네'라는 생각만 듭니다.	☐
6	결정을 내리는 것이 너무 오래 걸립니다. 내 결정을 믿지 못하겠고, 이 결정으로 인한 결과가 걱정됩니다.	☐
7	중요한 일인 것은 알고 있는데, 미루고 싶습니다. 마음이 동하지 않습니다. 마감일이 다가오니 스트레스가 쌓입니다.	☐
8	작은 일에서도 짜증이 납니다. 한숨을 계속 쉬게 되고, 동료들이 내 눈치를 보는 것 같습니다.	☐
9	요즘 직장에서 받은 스트레스가 일상 생활에 영향을 미치는 것 같다고 생각됩니다. 예전에는 잘 지켰던 생활 습관도 무너지고 있습니다.	☐
10	업무 평가가 나빠집니다. 기분은 바닥을 치지만, 솔직히 될 대로 되라 싶습니다.	☐
11	가족이나 친구와 보내는 시간이 점점 줄어들고 있습니다. 귀찮은 걸지도 모르겠습니다.	☐

몇 개를 체크했습니까? 만약 3개 이상 체크했다면, 번아웃의 극초기 상태이며, 5개 이상은 초기 단계입니다.

그렇다면 우리는 왜 일하다가 번아웃을 경험하고, 이 번아웃에 사로잡혀 퇴사하게 되는 걸까요?

번아웃의 비밀

김경일 교수는 "번아웃은 일이 많아서가 아니라, 똑같은 일을 피드백 없이 계속 반복하기 때문이다."라고 말합니다. 핵심은 바로 여기 있습니다. 일이 많아서가 아니라는 것입니다. 그렇기에 일이 많으니까 며칠 쉬면 회복될 것이라는 안일한 생각을 해서는 안 됩니다.

얼마나 쉬면 해결될 것이라 생각합니까? 일주일, 아니면 한 달? 물론 그 시간 동안 여러분은 행복할 것입니다. 하지만 그것이 진정한 해결책이 될 수는 없습니다. 일주일을 쉬고 나면 마지막 일요일 오후부터 우울해질 것이고, 월요일에는 처음 10분만 반짝하고 이전 상태로 돌아갈 것입니다. 즉, 며칠을 쉬느냐는 큰 의미가 없는 질문입니다.

업무를 하다 발병(?)한 번아웃은 반드시 업무 안에서 해결해야 합니다. 그저 주어진 대로, 비슷한 강도로, 특별한 피드백 없이 쳇바퀴처럼 일을 할 때, 사람들은 번아웃이 오곤 합니다. 영수 씨의 사례도 마찬가지였습니다. 입사 초기부터 비슷한 일을 반복적으로 수행했습니다. 그 횟수 정도가 많아졌을 뿐, 특별한 변화가 있지 않았습니다. 리더와의 미팅도 비슷한 상황의 반복이었습니다. 그렇게 혼자서 묵묵하게 일하다가 번아웃의 불길에 속수무책으로 당하게 된 것입니다.

방어기제와 원온원 방패의 차이점

다행히도, 우리에게는 번아웃을 막을 수 있는 두 가지 선택지가 있습니다. 물론 어떤 것을 선택하느냐에 따라 그 결과가 천차만별로 달라질 것입니다. 번아웃의 불길이 타오를 때, 마음속에 함께 형성되는 것이 있습니다. 몸과 마음이 살기 위해서 자연스럽게 나오는 하나의 방식. 바로 '방어기제' 입니다.

첫 번째 선택지인 방어기제는 불안과 스트레스, 내적 갈등을 완화하고자 무의식적으로 사용하는 심리적 전략입니다. 너무도 괴로운 상태가 몸에 악영향을 미칠 것 같을 때, 머리가 혼신의 힘을 다해 방어하는 것입니다. 우리가 흔히 경험하는 합리화가 대표적인 방어기제입니다.

이러한 방어기제는 하나의 문제가 있습니다. 바로 방어기제가 발동하면 문제의 근원으로 다가갈 수 없다는 것입니다. "나는 번아웃을 해결하고 싶어!"라고 생각하다가도, 그 생각 자체가 몸에 스트레스를 준다는 사실에 나도 모르게 방어막을 펼치게 됩니다. "아니야, 다들 이렇게 사는데 뭘.." 이라고 말이죠. 만약 이 첫 번째 선택지를 골랐다면, 영수 씨는 자신의 문제를 끝까지 회피하고 합리화하다가 퇴사하는 엔딩을 맞이할 것입니다.

그렇다면 두 번째 선택지는 무엇일까요? 바로 원온원 방패입니다. 원온원 방패를 고른다면, 여러분은 반드시 문제 상황에 직면하게 됩니다. 하지만 걱정 마십시오. 맨몸으로 불을 진압하라고 하지 않습니다. 원온원 방패를 가지고 리더와 함께 번아웃을 제압할 것입니다.

영수 씨는 팀장을 찾아가 원온원 미팅을 신청했습니다. 팀장은 영수 씨의 상황을 진심으로 공감하며, 번아웃을 극복할 수 있는 여러 제안을 해주었습니다. 이후 영수는 팀장에게 자신의 업무 상황을 그대로 공유했고, 팀장은 그 내용을 확인해 영수 씨를 지원했습니다. 매주 화요일 아침마다 원온원을 하며 목표 달성률을 확인하고 심도 있게 대화하는 시간을 가졌습니다.

3주째 되던 날, 영수 씨는 점차 번아웃에서 벗어나기 시작했습니다. 조금씩 업무를 해결해 나가며 얻은 성취감과 팀장과의 소통을 통해 매주 성장하는 자신을 발견한 것입니다. 예전만큼은 아니지만 일하는 것이 재밌게 느껴졌습니다. 그의 변화가 보이자, 팀의 분위기도 긍정적으로 변해갔습니다.

물론 모든 팀장이, 모든 리더가 원온원을 잘하지 않을 수 있습니다. 오히려 당신의 마음을 곡해하여 의지가 부족하거나 열정이 없다고 말할 수도 있습니다. 하지만 그럴수록 더 굳건하게 원온원을 통해 나의 고민과 상태를 공유할 줄 알아야 합니다. 여러분이 직접 움직여 번아웃을 막아야 합니다.

간혹 원온원을 하면 내 약점을 드러내는 것 같아 불쾌하다고 말하는 사람이 있습니다. 하지만, 원온원이 두려워 방어기제만 잔뜩 세우고 있는 것이 더욱 약점을 보여주는 것임을 놓치지 않아야 합니다. 모두 원온원 방패를 들고 번아웃이라는 불길을 막아내시길 바랍니다.

14
원온원 사용설명서 ❶
신입사원 VS 중고신입

지우의 원온원 미팅

여기 따끈따끈하게 사회로 나온 신입사원 지우 씨가 있습니다.

지우 씨는 첫 직장 생활에 대한 기대와 두려움을 함께 가지고 있었습니다. 첫 주부터 바로 실전에 투입되자 지우 씨는 예상했던 것보다 더 많은 혼란을 느꼈습니다. 매일 새로운 업무를 배우고, 회사의 문화와 업무 프로세스를 이해하는 것이 쉽지 않았습니다. 동료들에게 도움을 청하고 싶었지만, 바쁜 동료들에게 부담을 주는 것 같고, 또 이것도 모르냐는 질책을 받을까 봐 망설여졌습니다.

어느 날, 지우 씨는 일을 하다가 작은 실수를 저질렀습니다. 팀장은 지우 씨를 불러 조용히 말했습니다. "지우 씨, 실수한 것을 수습하는 것은 중요하지 않아요. 우리가 더 나은 방법으로 이 상황을 해결할 수 있도록 원온원을 해볼까요?" 이때 지우 씨는 난생처음 직장에서의 원온원 미팅을 하게 되었습니다.

 3층의 한 회의실. 지우 씨는 숨 막히는 어색함에서 벗어나고자 이런저런 이야기를 하기 시작했습니다. 팀장은 웃으며 이야기를 들어주었고, 계속 긍정적인 반응을 보여주었습니다. 마음이 편해진 지우 씨는 자신이 느끼는 어려움과 고민을 솔직하게 털어놓았습니다.

지우 팀장님, 사실 회사의 프로세스와 문화에 적응하는 데 어려움을 겪고 있습니다. 그리고 솔직히 제가 실수를 저질렀을 때 어떻게 대처해야 할지 몰랐습니다,
팀장 지우 씨, 처음에는 누구나 어려움을 겪습니다. 저도 그랬어요. 중요한 건 우리가 이 과정을 통해 성장할 수 있다는 것입니다. 앞으로도 이런 문제가 생기면 바로바로 제게 원온원 미팅을 신청해 주세요. 서로 이야기하면서 해결해 나갑시다.
지우 아 제가 먼저 신청해도 괜찮을까요?
팀장 그럼요! 저는 지우 씨가 더 많이, 더 자주 찾아주었으면 좋겠습니다. 입사 초반이라 모든 것이 다 낯설고 어렵잖아요.

 이후 팀장은 지우 씨가 회사의 프로세스와 문화를 이해할 수 있도록 도와주었고, 업무에서 실수를 대처하는 방법을 가르쳐주었습니다. 또, 정기적으로 원온원을 하며 지우 씨의 성장을 적극적으로 지원했습니다. 1대1 밀착 과외의 효과일까요? 지우 씨는 언제 그런 고민을 했냐는 듯 빠르게 회사에 적응했습니다. 또 팀장과의 원온원을 통해 자신의 어려움을 해결하고 업무적으로 성장해 나갔습니다.

 여기 또 다른 지우 씨가 있습니다. 35세의 지우 씨는 스카우트 제의를 받아 중소기업에 입사한 경력직 중고 신입입니다. 지우 씨는 이전 직장에서의

풍부한 경험을 바탕으로 새로운 도전에 나섰습니다. 하지만 팀원들이 지우 씨에게 보내는 높은 기대는 큰 부담으로 다가왔습니다. 팀원들은 그의 경력을 존중했지만, 동시에 능력이 어떤지 확인하고자 했습니다. 그래서 지우 씨는 결과물로 보여주어야 한다는 압박감에 매일 밤늦게까지 일하며 많은 스트레스를 받았습니다.

더 이상 버티기 힘들었던 지우 씨는 전 직장에서 했던 원온원 미팅이 떠올랐습니다. 당장이라도 리더에게 고민을 털어놓고 피드백을 받고 싶었습니다. 그런데 지금의 회사는 원온원 미팅 문화가 따로 없는 듯 보였습니다. 그래서 지우 씨는 업무적으로 가장 관련이 높은 박 과장에게 원온원 미팅을 요청했습니다. 박 과장은 팀원과 일대일로 면담을 해본 적이 없어 망설였지만, 지우 씨를 돕고자 불안한 마음을 가지고 미팅 장소로 갔습니다.

지우 씨가 말했습니다

"과장님, 사실 저에 대한 기대에 많은 부담을 느끼고 있습니다. 잘 해내야 한다는 부담 때문에 원래 하던 만큼도 못 하고 있습니다.. 이 문제를 해결하고 빠르고 적응하고 싶은데, 어떻게 하면 좋을지 모르겠습니다."

예상치 못한 질문에 박 과장은 우선 고개를 끄덕이며 공감했습니다.

그리곤 속으로 '그만두겠다고 할 줄 알았는데, 이렇게 노력 중이었구나'라고 생각했습니다. 그렇게 지우 씨와 박 과장은 해결 방안을 찾기 위해 노력했습니다. 일단 업무 부담을 줄이고, 핵심 프로젝트에만 집중할 수 있도록 조치했습니다. 팀원들에게도 그런 압박을 주는 분위기가 되지 않도록 독려했습니다.

지우 씨는 원온원 미팅을 기점으로 새로운 회사에 적응하며 자신감을 회복해 나갔습니다. 얼마 지나지 않아 지우 씨는 모두가 놀랄 만한 성과를 만들어 냈습니다.

경력에 상관없이 필요한 나의 업무 정돈

SNS에서 입소문을 타며 유명해진 정리팀이 있습니다.

바로 '더 홈 에디트'입니다. 더 홈 에디트는 자신들만의 정리 루틴을 가지고 있는데, 이 루틴은 굉장한 인사이트를 줍니다. 이들은 [편집, 분류, 수납, 관리] 4가지를 통해 모든 공간을 완벽하게 탈바꿈해 왔습니다.

먼저 편집으로 공간에서 필요 없는 것을 버리고 필요한 것을 살립니다. 이후 공간의 목적이 무엇인지, 그 목적에 맞는 카테고리는 무엇인지 고민하며 분류를 진행합니다. 다음은 수납입니다. 분류했던 위치에 맞춰 모든 물품을 수납합니다. 이때 계획을 실행하는 과정에서 괴리가 발생한다면 곧바로 수정해 완벽하게 수납합니다. 마지막으로 관리입니다. 정리팀이 다녀간 며칠만 깨끗하다면, 큰 의미가 없을 것입니다. 따라서 주인이 어렵지 않게 공간을 관리할 수 있도록 라벨지, 색상 등을 활용해 어떤 구조로 정리되어 있는지 명확하게 알려줍니다.

이 과정은 원온원의 단계와 흡사합니다. 깔끔하게 정돈된 방에서 모든 물건이 한눈에 보이는 것처럼, 우리의 업무도 그렇게 만들어야 합니다. 이것이 바로 사회 초년생인 지우 씨와, 경력직인 지우 씨에게 원온원이 필요한 이유입니다.

우리는 경력과 별개로 다양한 업무의 소용돌이 속에 있습니다. 공간이 더러워져 방의 기능을 잃는 것처럼, 내 머릿속에 업무들이 뒤죽박죽 엉켜 있으면 업무의 본질을 놓치게 됩니다. 따라서 우리는 원온원을 하며 복잡한 머릿속을 정리하고, 나의 업무를 효과적으로 관리할 필요가 있습니다.

편집

당신의 업무를 편집하십시오. 원온원 미팅의 목적과 목표를 설정하고 필요한 자료를 준비합니다. 이때 필요한 자료란 업무의 진행 상황, 목표, 성과, 도전, 과제 등을 의미합니다.

분류

원온원 미팅에서 논의할 주제를 구조화하고 정리하는 단계입니다. 업무의 중요도나 우선순위, 기한 등 명확한 기준을 가지고 분류해 원온원 미팅을 할 준비가 마칩니다. 이후 자료를 미리 리더에게 전달합니다.

수납

깔끔하게 분류된 자료를 가지고 원온원 미팅에 참여합니다. 이제는 리더가 힘써줄 시간입니다. 리더는 분류된 업무들을 확인하며 실행 가능한 계획으로 구체화하고, 이를 적절히 배치합니다.

관리

원온원을 통해 도출한 방안을 실행하고, 이에 대해 피드백합니다. 또, 다음 미팅의 일정을 정합니다. 이 사이클이 유지될 수 있도록 관리합니다.

우리는 청소를 해봐서 알지만, 간혹 방이 깨끗하게 유지되지 않을 때가 있습니다. 내 일이 바쁘거나 마음이 힘들다는 이유로 말이죠. 이 업무 정돈의 핵심은 업무 상황을 잘 정리해 리더와 계속 소통하는 데 있습니다.

1단계 편집	**자체적으로 내 업무를 편집하는 단계** 내 업무는 무엇인지, 어떤 성과 목표를 가지고 있는지 편집합니다
2단계 분류	**편집되어 정리된 업무를 분류하는 단계** 중요한 업무, 우선순위 등의 방법을 통해 분류합니다
3단계 수납	**리더와 함께 업무를 정확한 위치에 배치하는 단계** 업무에 대해 리더와 나누며 수납할 업무, 배치된 업무를 나눕니다
4단계 관리	**리더와의 지속적인 소통을 통해 정돈의 상태를 유지하는 단계** 업무의 속도와 실력, 루틴을 세워 관리합니다

한 눈에 보는 업무정돈

원온원을 통해 당신의 업무가 더욱 정돈되길 바랍니다. 수없이 쌓인 업무에 숨이 턱 막히도록 하지 말고, 말끔하게 정리해 마음에 평안과 여유를 찾으십시오.

원온원 사용설명서 ❷
직장인 유형별

이 책을 읽고 있는 여러분께 질문합니다.

"나는 어떤 직장인 캐릭터에 속하는 것 같습니까?"

직장 생활을 하다 보면, 정말 많은 유형의 사람을 만나게 됩니다.

지금까지 필자가 만났던 사람들의 유형을 도식화하면, 다음과 같습니다.

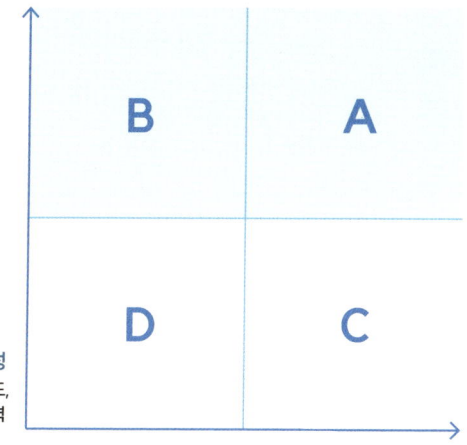

	적극성	탁월성
A유형 | 리더형	↑	↑
B유형 | 조력자형	↓	↑
C유형 | 아이디어형	↑	↓
D유형 | 안정형	↓	↓

A 유형 | 리더형	**강점** 항상 의견을 먼저 제시하고, 새로운 프로젝트에 자발적으로 참여합니다. 회의에서 가장 먼저 손을 들고 발언하는 스타일입니다. **약점** 높은 성과를 유지하려는 압박감으로, 많은 스트레스를 받기도 합니다.
B 유형 | 조력자형	**강점** 적극적으로 나서지는 않지만, 맡은 업무를 매우 높은 수준으로 수행합니다. 동료들에게 신뢰를 주는 스타일입니다. **약점** 스스로 자신이 없을 때, 적극적으로 의견을 표현하지 않습니다. 팀 내 의사결정에서 소외될 때도 있습니다.
C 유형 | 아이디어형	**강점** 다양한 아이디어를 끊임없이 제시합니다. 팀의 창의성을 자극하고 혁신을 추구합니다. **약점** 구체적인 실행 계획이 부족하여 결과물이 아쉬운 경우가 많습니다. 하나의 프로젝트에 대한 집중력과 지속성이 떨어질 수 있습니다.
D 유형 | 안정형	**강점** 안정적인 환경에서 일관성을 보이는 스타일입니다. 대부분의 일을 무난하게 해냅니다. **약점** 변화와 도전에 소극적이며, 새로운 시도에 대한 저항이 있을 수 있습니다.

물론, 이외에도 수많은 직장인의 유형이 있을 것입니다. 이때 원온원 미팅에 특별히 잘 맞는 사람, 잘 안 맞는 사람을 나누는 것은 의미가 없습니다! 굳이 뽑자면 골라 볼 수야 있겠지만, 그다지 중요하지 않습니다.

여기에서 중요한 것은 어떤 유형이든, 어떤 성격이든, 원온원의 문은 누구에게나 아낌없이 열려있다는 것입니다. 원온원에는 핑계가 필요 없습니다!

1 완벽주의 팀원의 원온원 미팅 (가까운 유형: 리더형)

인물 김민희, 29세, 마케팅팀
특징 민희는 일을 할 때 최고의 결과를 추구하는 완벽주의자입니다. 그녀는 항상 세부 사항까지 꼼꼼하게 신경 써서 높은 수준의 결과물을 만들어 냅니다. 그러나 이러한 완벽주의 성향으로 인해 프로젝트가 지연되거나, 스트레스를 과도하게 받기도 합니다.

어느 날, 민희는 마케팅 캠페인의 마감일이 얼마 남지 않았는데도, 세부 사항 하나하나를 검토하면서 진행하느라 프로젝트를 완료하지 못하고 있었습니다. 민희는 이 문제를 해결하고자 팀장에게 원온원 미팅을 급하게 요청했습니다.

민희 팀장님, 캠페인 준비 기한을 지키기 어려울 것 같습니다. 세부 사항들을 처리하다 보니 시간이 많이 걸리고 있습니다.
팀장 민희 씨, 결과는 완벽하게 만드는 것도 중요하지만 마감일을 반드시 준수해야 합니다. 업무의 우선순위를 다시 생각해 보는 게 어떨까요?"

민희는 팀장의 조언에 따라 우선순위를 고민한 끝에, 캠페인을 마감일까지 끝내는 것에 집중하기로 했습니다. 하루마다 원온원을 하며 진행 상황을 점검하고, 팀장의 피드백을 받아 문제를 수정했습니다. 이 과정을 통해 민희는 더 효율적으로 일하며 스트레스를 줄일 수 있었습니다.

만약 당신이 완벽주의 팀원이라고 생각된다면, 원온원을 통해 목표를 설정하고 진행 과정을 검토하며 부담을 덜어내십시오. 리더는 당신이 좋은 결과물을 낼 수 있도록 도울 것입니다.

2 겁이 많은 팀원의 원온원 미팅 (가까운 유형: 안정형)

인물 이준호, 26세, IT팀
특징 준호는 일을 할 때 실수를 두려워하며 시작을 주저하는 경향이 있습니다. 그는 이미 해봤던 일은 잘 해내지만, 새로운 도전이나 책임을 맡을 때마다 불안한 모습을 보입니다.

어느 날, 준호는 중요한 프로젝트를 제안받았습니다. 그는 새로운 도전을 해야 한다는 불안감을 느끼며 주저하고 있었습니다. 이 문제를 해결하기 위해 준호는 용기를 내어 팀장에게 원온원 미팅을 요청했습니다.

준호 팀장님, 이번 프로젝트를 맡는 게 두렵습니다. 제가 잘할 수 있을지 걱정됩니다.
팀장 준호 씨, 당신은 충분히 능력이 있습니다. 저도 옆에서 돕겠습니다. 어떤 점이 가장 걱정되나요?

준호는 팀장에게 자신의 걱정을 솔직하게 털어놓았고, 팀장은 지원을 약속했습니다. 팀장은 기존에 사용했던 프로세스를 준호 씨에게 알려주며 안정적인 환경을 조성할 수 있도록 도왔습니다. 또한, 주기적으로 프로젝트를 점검하며 적극적인 피드백과 격려를 제공했습니다. 준호는 점차 일에 익숙해졌고, 프로젝트를 성공적으로 마칠 수 있었습니다.

만약 당신이 안정형 팀원이라고 생각된다면, 당장 리더에게 원온원을 요청하십시오. 원온원을 통해 당신은 새로운 도전 속에서 안정감을 찾을 수 있을 것입니다.

③ 소심한 팀원의 원온원 미팅 (가까운 유형: 조력자형)

인물 박수진, 31세, 인사팀
특징 수진은 성격이 소심해 남에게 도움을 요청하는 데 익숙하지 않습니다. 그녀는 혼자서 모든 일을 처리하려고 하며, 문제가 생겨도 잘 드러내지 않습니다. 회의에서 의견도 잘 말하지 않습니다.

수진 팀장님, 요즘 업무가 많아서 혼자 하기가 많이 힘들어요. 어떻게 하면 좋을지 모르겠어요.
팀장 수진 씨, 모든 일을 혼자 처리하려고 하지 말고, 팀원들에게 도움을 요청하는 것도 중요합니다. 제게도 도움을 요청해 주세요. 혹시 어떤 도움이 필요할까요?

수진은 곧바로 팀장에게 도움을 요청했고, 팀장은 흔쾌히 수진의 업무를 도와줬습니다. 그러면서 팀장은 도움을 요청하는 것이 팀을 의지하고 신뢰하고 있음을 보여주는 수단이라고 설명했습니다. 수진은 점차 팀원들을 믿고 도움을 요청하기 시작했고, 업무 성과도 함께 개선되었습니다.

만약 당신이 조력자형 팀원이라고 생각된다면, 리더와의 원온원으로 자신감을 쌓아가십시오. 팀워크를 통해 한 단계 더 성장할 수 있으며, 더 높은 성과를 만들어 낼 수 있습니다.

4 상사보다 더 일을 잘한다고 생각하는 팀원의 원온원 미팅 (리더형이라고 믿는 유형)

인물 최강호, 33세, 개발팀
특징 강호는 자신이 일을 가장 잘한다고 생각해, 리더의 지시를 따르지 않고 자신의 방식대로 일하는 것을 선호합니다. 그는 리더를 무시하는 경향이 있으며, 가끔 팀 내 갈등을 일으키기도 합니다

어느 날, 강호는 상사의 지시대로 하지 않고 프로젝트를 진행했습니다. 이로 인해 팀 내 큰 혼란이 발생했습니다. 이 문제를 해결하기 위해 강호는 팀장에게 원온원 미팅을 요청했습니다.

강호 팀장님, 솔직히 제 방식이 더 효율적이라고 생각합니다. 그래서 제 방식대로 진행했습니다. 그런데 문제가 생긴 걸 보니 잘못된 것이 있었나 봅니다. 해결하고 싶지만, 방법을 잘 모르겠습니다.

팀장 우리 팀 모두 강호 씨의 의견을 존중합니다. 하지만 팀워크를 위해서는 상호 존중과 협력이 필요합니다. 강호 씨의 의견이 아무리 좋을지라도 팀원이 이해하지 못하면 무용지물이 됩니다. 어떻게 하면 우리가 더 잘 협력할 수 있을까요?

강호는 팀장에게 자신의 의견을 제시할 때 적절한 방법을 배우고, 상호 존중과 협력의 중요성을 이해했습니다. 또한, 정기적인 원온원 미팅을 통해 자신의 생각을 솔직하게 말하며, 상사의 지시를 조율할 방법을 논의했습니다. 강호는 점차 상사와의 협력 방식을 배우고, 팀 내 갈등을 줄일 수 있었습니다.

강호는 팀장에게 의견을 제시하고 설득하는 방법을 배우며, 상호 존중과 협력의 중요성을 이해하기 시작했습니다. 또, 정기적으로 원온원을 하며 상사의 지시를 조율하는 방법도 논의했습니다. 이제 강호는 팀원과 협력하며 업무를 진행할 수 있는 동료가 되었습니다. 만약 당신이 리더형이라고 믿고 있다면, 원온원을 통해 주변 사람들도 그렇게 생각하는지 알아가십시오. 잘못된 이해가 팀의 분위기를 망칠 수 있습니다. 실수하기 전에 미리 리더와 소통하며 고쳐가시길 바랍니다.

5 이상과 현실의 갭이 큰 팀원의 원온원 미팅
   (가까운 유형: 아이디어형)

인물 이현우, 32세, 기획팀
특징 현우는 높은 목표를 갖고 있지만, 실행력이 약합니다. 그는 프로젝트를 시작할 때는 거창한 계획을 세우고 열정적으로 임하지만, 실제 실행 단계에서는 많은 어려움을 겪고 있습니다. 이상과 현실의 차이에서 오는 괴리를 극복하지 못하곤 합니다.

어느 날, 현우는 중요한 프로젝트를 실행하면서 여러 차례 실수를 저질렀습니다. 처음 계획대로 되지 않아 문제가 발생한 것이었습니다. 이를 바로잡고자 현우는 팀장과 원온원을 진행했습니다.

현우 팀장님, 프로젝트 계획은 정말 좋았는데, 실행 과정에서 많은 한계를 느끼고 있습니다.. 자꾸 계획대로 되지 않는데, 어떻게 하면 좋을까요?
팀장 현우 씨, 이상적인 목표를 지향하는 것도 좋지만, 무엇보다 계획을 현실적으로 실행할 수 있어야 합니다. 어떻게 하면 더 효과적으로 실행할 수 있을지 고민해 보시는 것은 어떨까요?

현우는 원온원을 통해 실행 가능한 수준의 목표와 계획이 무엇인지 알게 되었습니다. 창의적인 아이디어와 새로운 시도를 추구하면서도, 동시에 현실적으로 가능한 것들을 위주로 구체적인 계획과 지원 방안을 논의해 갔습니다. 정기적인 원온원을 통해 프로젝트를 단계별로 완료하며 성공을 이끌어 갔습니다.

만약 당신이 아이디어형 팀원이라고 생각된다며, 원온원에서 아이디어를 공유하십시오. 리더와 함께 현실 가능한 아이디어를 분류하고 전략적으로 실행하면, 분명히 좋은 결과를 만들 수 있을 것입니다.

마지막은 좀 특별한 경우입니다. 바로, 아무런 의욕이 없는 팀원과의 원온원이죠.

6 의욕이 참 없는 팀원과의 원온원 (가까운 유형: 안정형)

인물 박민수, 29세, 마케팅팀
특징 민수는 최근 의욕이 크게 떨어져 업무에 집중하지 못하고 있습니다. 상사가 질문하면, "아, 진짜요?", "글쎄요.", "모르겠습니다."와 같은 무미건조한 반응만 보입니다. 특히 동료들과의 협력에서도 소극적인 태도를 보이고 있습니다.

이런 경우는 리더의 적극적인 개입이 필요합니다. 의욕이 없는 팀원이 먼저 원온원을 요청할 가능성도 아주 낮기 때문입니다.

팀장 민수 씨, 요즘 업무에 집중을 잘 못하는 것 같네요. 무슨 일 있나요?

민수 아, 진짜요? 그냥 좀 힘든 것 같아요.

팀장 그렇군요. 어떤 점이 힘들게 느껴지나요? 우리 함께 해결책을 찾아보면 좋을 것 같아요.

민수 글쎄요... 요즘 그냥 의욕이 없어요. 뭘 해야 할지도 잘 모르겠고요.

팀장 업무가 지루하게 느껴지나요? 아니면 다른 이유가 있을까요?

민수 모르겠습니다. 그냥 다 별로예요.

팀장 그러면 우리가 업무에 어떤 변화를 줄 수 있을지 생각해 보면 좋을 것 같아요. 민수 씨가 흥미를 느낄 만한 프로젝트에 참여하거나 새로운 역할을 시도해 보는 건 어때요?

민수 음... 새로운 프로젝트라... 잘 모르겠어요.

팀장 평소에 민수 씨가 좋아하거나 흥미를 느끼는 분야가 있을까요? 그쪽으로 작업을 조정해 볼 수 있을 것 같아요.

민수 최근에 생각해 본 적은 없지만, 예전에는 콘텐츠 제작을 재밌게 했던 것 같아요.

팀장 좋아요! 그럼, 다음 프로젝트에서 콘텐츠 제작을 맡아보는 건 어떨까요? 정기적으로 만나면서 진행 상황과 느낌도 공유해 봅시다.

민수 음... 한 번 시도해 볼게요.

팀장 좋습니다. 그럼 이번 주부터 매주 화요일마다 원온원을 하면서 진행 상황을 논의합시다. 어려운 점이나 도움이 필요한 부분이 있으면 언제든 편하게 말해 주세요.

민수 알겠습니다. 감사합니다.

민수는 팀장의 제안대로 새로운 프로젝트에서 콘텐츠 제작 역할을 맡았습니다. 매주 화요일마다 팀장과 만나 업무 상황과 감정을 공유했습니다. 민수는 점차 업무에 대한 흥미를 회복하고, 일하고 싶은 의욕을 되찾아 갔습니다. 덕분에 팀 프로젝트는 매끄럽게 진행되었고, 팀 내 분위기도 긍정적으로 변했습니다.

지금까지 다양한 유형의 팀원과 원온원을 하는 사례를 살펴보았습니다. 각기 다른 성격과 업무 스타일을 가진 팀원들이 원온원으로 성장하고 문제를 해결하는 방법을 떠올려 보십시오. 원온원 미팅은 개인의 성장과 문제 해결을 돕는 중요한 도구입니다. 어떤 유형의 팀원인지는 중요하지 않습니다. 가장 중요한 것은 지금 당장 리더에게 원온원을 요청하는 것입니다.

움직이는 자만이 원하는 바를 쟁취할 수 있습니다. 숨겨져 있는 당신의 잠재력을 찾아 직장 생활을 더욱 풍요롭고 의미 있게 만들어 보십시오.

5부
원온원 미팅 천재가 된 홍대리

16

당당출근!
홍대리의 원온원 미팅 활용법

홍 대리를 소개합니다.

이름은 홍승현, 34살, 입사 5년 차 남자 직원입니다. 처음에는 사원으로 시작했지만, 어느새 5명의 팀원을 이끄는 팀장이 되었습니다. 팀장으로 승진한 후, 승현은 팀원들과의 소통이 부족하다고 느꼈습니다. 팀원 모두 열심히 일하고 있었지만, 서로가 어떤 일을 하고 있는지 공유하지 않았습니다. 그러다 보니 언제부터인가 각자 본인의 일만 하고, 대화도 잘 하지 않기 시작했습니다. 팀원들의 표정에는 즐거움과 활기 대신 근심과 걱정이 가득했습니다. 팀원들도 하고 싶은 것은 많았지만, 어떻게 이야기를 꺼내야 할지 몰라 속으로 삼키고만 있었습니다.

그러던 중, 승현은 직장인 커뮤니티에서 원온원 영상을 보게 되었습니다. 10분짜리 짤막한 영상이었지만, 승현에게 엄청난 인사이트를 주었습니다. 이때부터 승현은 원온원 미팅을 공부하기 시작했습니다. 책도 사서 읽고, 관련 세미나와 컨퍼런스에 참여했습니다. 충분히 숙지가 되었다고 느껴질 때쯤, 승현은 팀원들과 정기적으로 원온원을 하며 더 깊은 대화를 해보자고 다짐했습니다. 다만 원온원을 경험해 보지 못해, 형식적인 미팅에 그치지 않을까 걱정도 되었습니다.

한편, 승현에게는 외국계 기업에 일하고 있는 친구 존이 있었습니다. 존은 사회 초년생일 때부터 원온원을 경험해서 미팅 문화를 잘 알고 있었습니다. 그래서 승현은 곧바로 존을 만나 도움을 요청했습니다.

"존, 최근에 팀장이 됐는데, 팀원들과 어떻게 관계를 맺어야 할지 잘 모르겠어. 성과를 더 낼 수 있도록 도와주고 싶은데 말이지.. 원온원을 해보려고 하는데 잘할 수 있는 방법이 있을까?"

존은 환하게 웃으면서 대답했습니다.

"물론이지, 승현! 원온원은 팀원들의 성장과 성과를 만들어주는 마법의 도구야. 우리 회사는 매주 원온원 미팅 일정을 정해서 팀원들이 어떤 일을 하고 있고, 어떤 상황에 처해 있는지 확인해. 그리고 더 잘하기 위해 필요한 것들을 제공해 주지. 음.. 가장 많이 쓰는 질문은 두 가지야."

'What is your goal?' 'Any help needed ?'

승현은 존의 설명에 귀를 기울였습니다.

"승현, 원온원의 핵심은 팀원의 목표를 파악해서 회사의 목표와 일치시키는 데 있어. 회사와 팀원이 원하고 기대하는 목표를 얼라인 시켜서 교집합을 키우는 거지. 이를 달성하기 위해 리더는 팀원에게 어떤 지원을 제공할 수 있는지를 찾아야 하고."

승현은 고개를 끄덕이며 존에게 물었습니다.

"그래, 그러면 구체적으로 어떻게 해야 할까?"

이에 존은 몇 가지 실전 팁을 공유했습니다.

시간과 일정을 2~4주 전에 미리 세팅하라

원온원 미팅의 시간을 미리 정해 두면, 팀원들이 여유롭게 준비할 수 있어. 갑작스럽게 잡는 미팅보다는 준비된 미팅이 더 효과적이기도 하지. **온라인 캘린더**를 사용해서 미리 일시와 장소를 세팅해 두는 것이 중요해. 일정을 확정해 두지 않으면, 당장의 우선순위에서 밀리는 경우가 많았던 것 같아.

사전 작성 카드를 제공하라

원온원 미팅에서는 아무 준비 없이 만나는 것을 지양해야 해. 미팅 전에 논의할 주제를 정리해서 만나는 것이 좋아. **팀원들이 자신의 생각을 미리 정리할 수 있게 하는 것이 정말 중요**하지. 그래서 우리 회사는 최근 진행한 프로젝트에서 느낀 점이나 앞으로의 목표 등을 적어 오게 하고 있어. 조직마다 성장의 방향성이 다르겠지만, 우리는 아래의 질문을 활용하고 있어.

1 지난 기간 나의 성과는 무엇입니까? **2** 타인의 성과에 내가 기여한 부분은 무엇입니까? **3** 성장을 위한 학습과 발견한 지식은 무엇입니까? **4** 다음 도전을 위한 지원 요청은 무엇입니까?

이 4가지 질문이 있는 파일을 사전에 작성해서, 미팅 전까지 제출하도록 당부하고 있지.

개방적이고 집중할 수 있는 환경에서 진행하라

원온원을 진행할 때는 **최대한 개방적이고 서로에게 집중할 수 있는 공간**을 선택해야 해. 1대 1로 만나서 대화하기에 적합한 장소를 찾으면 좋아. 음악이나 간단한 다과가 준비되어 있으면, 팀원이 조금 더 편하게 대화를 꺼냈던 것 같아. 요즘은 카페를 이용하는 것도 좋은 방법이라고 생각해.

심리적 안전감을 주는 존중 화법과 열린 질문을 사용하라

제일 중요한 건 팀원들이 심리적 안전감을 느낄 수 있도록 존중하는 화법과 열린 질문을 통해 대화를 이끌어가는 거야. **경청과 공감, 긍정적인 피드백**을 주는 것이 중요해. 예를 들어서,

홍대리 우진 씨, 이번 프로젝트에 정말 많은 노력을 기울여 주셔서 감사합니다. 혹시 A 프로젝트를 진행하면서 어려움이 있었을까요?

팀원 아.. 고객의 요구사항이 자주 변경되는 게 가장 힘들었던 것 같습니다.

홍대리 그렇군요, 고객 요구사항의 변경이 큰 도전이었겠네요. 그럼에도 잘 이끌어가 주어서 고맙습니다. 그 상황에서 특히 어려웠던 부분은 무엇이었나요?

팀원 변경된 요구사항에 따라 다시 작업을 조정하는 부분이 어려웠습니다. 수정 작업을 하느라 하루를 다 쓴 것 같습니다.

홍대리 요구사항이 워낙 많아서 수정 작업이 많이 힘드셨겠어요. 음, 다음에 이런 상황이 또 발생한다면, 제가 어떤 도움을 드릴 수 있을까요?

팀원 고객의 요구사항이 바뀔 때마다 팀 내부적으로 빠르게 공유할 수 있는 시스템이 있으면 좋겠습니다. 가령 프로젝트 대화방을 따로 생성하거나 온라인 시트를 만들어서 공유하는 방법이 있을 것 같습니다.

홍대리 좋은 아이디어네요. 그 시스템을 마련하기 위해 제가 할 일은 무엇일까요?

팀원 사용할 툴이나 프로세스를 정해주셔서 팀원들에게 안내하고 독려해 주시면 좋겠습니다.

홍대리 네, 알겠습니다. 제가 시스템 관련해서 먼저 정리해 보고, 다음 회의 때 논의해 보도록 하시죠. 추가로 더 필요한 부분이 있으면 언제든지 말씀해 주세요.

팀원 감사합니다, 홍 대리님!

사실 중심의 대화와 진정성 있는 피드백을 하라

견해가 아닌 사실 중심으로 이야기하는 것이 중요해. 견해 위주로 소통하다 보면, 나도 모르게 상대를 판단하고 평가하게 되었던 것 같아. 있는 그대로의 행동과 사실에 근거해서 이야기하면 좋을 것 같아. 그리고 진정성 있는 피드백을 주는 것도 잊지 마. 예를 들어, **'이번 보고서 3page에 있는 이 부분이 매우 상세해서 좋았어요'**처럼 구체적으로 말하는 거지. 사실 중심, 진정성 있는 피드백! 반드시 지켜야 하지.

감사와 인정을 표현하라

작은 일이라도 감사와 인정을 표현해야 해. 당연하다고 생각되는 일들도 감사로 표현하면 좋아. 뭐.. **'항상 시간 맞춰 보고서를 제출해 줘서 고마워요.' '매번 아침마다 먼저 밝게 인사해 줘서 고맙습니다' '이번 프로젝트에서 적극적으로 아이디어 내줘서 고맙습니다.'**처럼 직장에서 하는 사소한 행동들에 감사를 표현하는 거지. 관심을 갖고 관찰하다 보면, 상대의 외형, 행동, 성과들이 눈에 보일 거야. 처음에는 쉽지 않겠지만, 점점 감사하고 인정할 일들이 분명하게 보이더라.

> ### 원온원 시간을 분배하라

총 30분의 시간이 있다면, **업무 이야기는 20분, 성장에 관한 이야기는 10분**으로 나누어 진행하는 것이 좋아. 이렇게 하면 업무와 성장 모두 균형 있게 다룰 수 있어. 업무 이야기만 하거나, 성장 이야기만 하면 팀원이 금방 지칠 수도 있어. 밸런스 있게 원온원 미팅을 활용하면 좋겠어.

홍대리의 결심

승현은 존의 조언을 듣고 자신감을 얻었습니다. 그리고 원온원 미팅을 통해 팀원들과의 관계를 개선하고 성과를 높일 수 있다는 확신이 생겼습니다. 이제 그는 팀원들과 소통하며 목표를 공유하고, 그들이 더 나은 성과를 낼 수 있도록 지원해 주기 시작했습니다.

17
홍대리,
원온원 미팅을 시작하다

 승현은 이제 원온원을 실천하기로 했습니다. 월요일 아침, 사무실로 들어가면서 팀원들의 얼굴을 하나하나 살펴보았습니다. 그는 주간 미팅에서 중요한 발표를 할 생각에 떨리기 시작했습니다. 하지만 팀원들과 원온원을 하며 함께 성장하고 싶었기에 마음을 다잡고 자리에 앉았습니다.

 승현은 숨을 깊게 들이마시고 말했습니다.
 "좋은 아침입니다, 여러분. 오늘 주간 미팅에서 평소랑 다르게 특별한 이야기를 나누고자 합니다."
 팀원들은 걱정 반, 설렘 반의 마음으로 승현의 말을 들었습니다. 그는 미소를 지으며 말을 이어갔습니다.
 "팀장이 된 후로, 저는 여러분과 소통을 더 원활하게 하고, 팀의 성과를 낼 수 있는 방법을 찾기 위해 노력했습니다. 그리고 그 과정에서 원온원 미팅의 중요성을 깨닫게 되었죠. 그래서 이번 주부터는 우리 팀에서 원온원 미팅을 시작해 보려고 합니다."

갑작스러운 발표에 팀원들은 웅성거렸습니다. 승현은 손을 들어 그들을 진정시키며 말했습니다.

"원온원 미팅은 여러분에게 부담을 주려고 하는 것이 아닙니다. 각자의 목표와 고민을 듣고, 거기에 피드백을 해주며 더 나은 성과를 내기 위한 시간입니다."

그는 준비한 슬라이드를 띄우며 구체적인 계획을 설명했습니다.

"저는 매주 여러분과 개별적으로 시간을 가지려고 합니다. 그 시간에는 여러분의 목표와 성과, 그리고 당장 겪고 있는 어려움에 대해 이야기할 것입니다. 이를 통해 여러분의 의견을 더 잘 반영하고, 필요한 지원을 제공하겠습니다."

승현은 팀원들의 반응을 살피며 말했습니다.

"여러분이 어떤 생각을 하고 있는지, 어떤 상황에 처해 있는지 더 깊이 알고 싶습니다. 원온원을 하며 우리 팀이 더 단단해지고, 성과도 많이 낼 수 있을 거라 믿습니다."

그러자 팀원 중 한 명이 손을 들고 물었습니다.

"홍 대리님, 이렇게 바쁜데 원온원 미팅을 하려면 시간이 많이 걸릴 것 같은데요. 오히려 업무에 지장이 생기지 않을까요?"

승현은 고개를 끄덕이며 대답했습니다.

"좋은 질문입니다. 원온원 미팅은 짧게는 30분에서 길게는 1시간 정도로 계획하고 있습니다. 여러분의 업무에 지장이 가지 않도록 최대한 유연하게 일정을 조정할 것입니다. 물론 주에 한 번은 꼭 할 것입니다. 이 시간이 여러분에게 도움이 될 것이라 믿기 때문에, 당장의 불편함을 감수하더라도 시도해 보려고 합니다."

승현은 팀원들을 바라보며 마지막으로 말했습니다.

"여러분의 성장과 성공을 위해, 그리고 우리 팀의 팀워크를 위해 원온원 미팅을 시작하려 합니다. 많은 협조 부탁드립니다. 여러분의 솔직한 의견과 피드백, 언제든 환영합니다."

승현의 발언이 끝나자, 팀원들은 고개를 끄덕이며 동의의 표시를 보였습니다. 승현은 미소를 지으며 회의를 마무리했습니다.

"그럼 이번 주도 모두 화이팅입니다. 자세한 일정은 각자에게 개별적으로 공지하겠습니다!"

승현은 자신이 중요한 첫걸음을 내디뎠다고 느꼈습니다. 리더로서 자부심이 생기기도 했습니다. 그는 새로운 도전에 대한 의지를 다지며 앞으로 나아가기 시작했습니다.

승현은 팀원 지민과 매주 수요일 10시에 정기적인 원온원 미팅을 가졌습니다. 처음 몇 번의 만남은 정말 어색하고 형식적이었지만, 점차 두 사람은 서로에게 마음을 열기 시작했습니다. 이 원온원 미팅은 지민에게도 큰 의미가 있었습니다. 지민은 매주 화요일마다 자신의 고민과 아이디어를 정리해 승현에게 공유했습니다. 승현의 진정성 있는 조언과 피드백을 받으며, 지민은 업무적인 이야기를 넘어, 점차 개인적인 성장과 목표에 대한 질문을 하기도 했습니다. 분주한 일상 속에서 승현과의 원온원 미팅은 나 자신을 확인하고 돌아볼 수 있는 귀중한 시간이 되었습니다.

그러던 중 승현은 월요일 아침에 지민으로부터 긴급하게 원온원 요청을 받았습니다. 지민의 다급한 표정과 목소리에서 중요한 일임을 느껴졌습니다. 실제로 지민은 프로젝트에서 큰 문제에 직면했고, 이에 대한 조언을 구하고자 문제를 해결해 줄 수 있다는 믿음이 있는 승현에게 원온원을 신청한 것입니다. 두 사람은 머리를 맞대고 그 문제를 해결해 나갔습니다.

이 사건을 계기로, 승현은 정기적인 원온원이 팀원과 깊은 신뢰를 구축해 준다는 것을 깨달았습니다. 때론 상황이 여의치 않아 정해진 시간에 만나진 못했지만, 주에 한 번은 반드시 만났습니다. 그렇습니다. 핵심은 꾸준한, 정기적인 만남에 있었습니다. 팀원은 정해진 시간에 만날 수 있다는 심리적 안정을 얻었고, 리더와 함께라면 해결할 수 있다는 확신이 생겼습니다. 주기를 모두 동일하게 가져갈 필요는 없습니다. 팀원의 필요에 따라 조정해도 됩니다. 단, 정기적으로 꾸준히 원온원을 하십시오.

업무 이야기를 넘어 성장에 집중하라

승현은 처음 원온원을 진행할 때, 주로 업무 이야기를 다뤘습니다. 그러다 승현은 원온원에서 업무적인 문제만 다루다 보니 팀원들이 점점 위축되는 것을 느꼈습니다. 그때 깨달았습니다. 팀원들이 원온원 내내 피드백을 받느라 팀 전체의 사기가 떨어진다는 것을 말이죠. 이제 승현은 원온원이 단순히 업무를 논의하는 시간이 아님을 알았습니다. 그리곤 곧바로 실천했습니다. 그는 지민 씨와의 대화에서 업무 외적인 이야기를 하려고 노력했습니다. 직장 생활에서 힘든 점이나 얻고자 하는 목표 등을 듣기 시작했습니다.

어느 날, 지민이 새로운 기술을 배우고 싶다고 말했습니다. 승현은 그 말에 경청하며 적극적으로 지지하고 지원했습니다. 그 결과 지민은 새로 익힌 기술을 통해 프로젝트를 더욱 효율적으로 수행하며 팀 전체 성과에 긍정적인 영향을 주었습니다. 또, 지민 씨는 자신의 장기적인 목표와 방향성을 승현과 공유하기 시작했습니다. 처음에는 성장에 대해 이야기하는 것이 어색하고 민망하게 느껴졌습니다. 그러나 현재 맡고 있는 업무와 팀의 목표, 지민이 배운 지식과 이뤄낸 성장 등을 계속 물어보며 방향성을 나누었습니다. 이 과정을 통해 승현과 지민은 공동의 목표를 향해 함께 나아갈 수 있다는 인식을 공유했습니다.

이때부터 원온원의 구성이 바뀌기 시작했습니다. 업무적인 논의를 줄이고, 팀원의 성장에 대해 이야기하는 비중을 늘렸습니다. 팀원의 장기적인 목표가 무엇이고, 현재의 업무가 그 목표에 어떻게 기여하는지, 그리고 어떤 지원을 필요로 하는지 구체적으로 논의했습니다. 이러한 대화는 팀원들에게 큰 동기부여를 주었고, 자연스럽게 업무 성과도 크게 향상되었습니다.

도전적인 목표에 대한 합의와 공감이 중요하다

승현이 처음 팀장을 맡았을 때, 팀원들과 목표 수립에 대한 합의와 공감이 잘 이루어지지 않았습니다. 전사에서 내려오는 목표를 그대로 받아 전달하다 보니, 하달된 달성률에만 집중했기 때문입니다. 승현은 생각했습니다. '우리 팀이 원팀이 되어 한 방향을 바라보는 것 같지 않다.' 팀원들도 주어진 일만 수행하며 퇴근만 기다리고 있는 것 같았습니다. 승현 본인조차도 그렇게 일할 때가 많았습니다.

원온원을 시작하고 많은 변화가 생겼습니다. 먼저 팀의 목표에 대해 다시

정의했습니다. 팀장인 승현이 혼자 고민하는 것이 아니라 팀원들과 함께 목표에 대한 이야기를 나누었습니다. 처음에는 전사 목표에 집중하여 팀원들과 논의를 이어갔습니다. 그러나 너무나도 높은 목표에 공감하기가 어려웠습니다. 그래서 우리 팀이 3개월 동안 집중할 수 있는 목표를 먼저 합의하기 시작했습니다. 정해진 목표를 하나씩 달성하며, 목표가 도전적일수록 업무에 대한 몰입도가 높아지는 것을 경험했습니다. 사실 승현은 전에도 이러한 경험을 한 적이 있었습니다.

입사 3년 차 시절, 승현은 처음으로 감당하기 어려운 프로젝트를 맡은 적이 있었습니다. 옆 부서의 프로젝트 매니저가 갑자기 퇴사하면서 해당 프로젝트를 맡게 된 것입니다. 프로젝트의 목표는 구매 전환율을 20% 향상하는 것과 충성고객을 기존 100명에서 200명으로 2배 올리는 것이었습니다. 당시 승현은 일하는 것에 의미를 느끼지 못하며 동기부여가 필요한 상황이었기에 더 큰 부담을 느꼈습니다.

그래서 승현은 프로젝트를 총괄하던 박 팀장을 찾아갔습니다. 그리고 함께 프로젝트 목표를 공유하고 전략들을 도출했습니다. 박 팀장은 승현에게 잘할 수 있다는 믿음과 지지를 주었습니다. 승현은 직장 생활을 하며 누군가와 머리를 맞대고 목표에 대해 집요하게 나눠본 경험이 없었습니다. 그래서 그런지 미팅이 끝났을 때, 어깨를 짓누르는 무거운 책임감을 느끼면서도, 동시에 마음속에서 해낼 수 있다는 희망이 꿈틀거렸습니다. 사실 승현은 박 팀장과 이야기를 나눈 것이 원온원 미팅인지 몰랐습니다. 다시 돌아보니 원온원이었을 뿐이죠.

아무튼 이 원온원을 기점으로 승현의 잔잔한 마음속에 큰 파도가 쳤습니다. 도전적이고 명확한 목표를 이루기 위해 여러 고민을 시작했습니다.

그리고 그 고민은 고민에서 그치지 않고 실제 해결하려는 움직임으로 이어졌습니다. 출근하면서도, 밥을 먹으면서도, 퇴근하고 샤워하면서도 그 문제를 해결할 수 있는 프로세스와 방법을 떠올렸습니다. 때로는 '그만하고 싶다.. 이렇게까지 해야 하나?'라는 생각도 들었습니다. 그러나 입사 후 처음으로 도전적인 일을 하고 있다는 기분은 계속해서 승현을 행동하게 만들었습니다. 일을 하면서 효능감, 성취감, 보람, 뿌듯함을 느끼는 것은 특별한 사람들에게만 허락되는 것이라 생각했습니다. 책에서나 가능한 이야기라고 말입니다.

그런데 이 순간, 승현은 그 감정을 느끼고 있었습니다. 또, 깨달았습니다. 업무가 지치고 힘들지라도 도전적이고 명확한 목표가 있다면 멈추지 않고 행동할 수 있다는 것을, 그 과정에서 지지와 격려, 인정이 몰입을 만드는 동력원이 된다는 것을 말입니다.

이때의 경험을 떠올리며 승현은 팀원들에게 도전적이면서도 명확한 목표를 제시하고자 노력했습니다. 전사 목표를 이해하고, 이를 기반으로 구체적이고 세부적인 목표를 수립했습니다. 목표로 달려가며, 서툴지만 인정하고 격려하는 표현도 조금씩 사용했습니다. 팀원들의 눈에는 희망과 열정이 가득했습니다. 먼저 행동하고, 먼저 도와주는 문화가 생겼습니다. 이렇게 승현의 팀은 하나의 목표를 향해 나아가는 원팀이 되었습니다.

결론적으로, 승현은 도전적이고 명확한 목표를 설정하고, 팀 전체가 그 목표를 향해 달려갈 수 있는 환경을 만들었습니다. 이제 성과는 자연스럽게 따라올 것입니다.

감성지능과 경청이 중요하다

승현은 원온원에서 자신이 많이 말해야 한다고 생각했습니다.
그래서 처음에는 상대의 말에 공감하기보다는, 피드백하는 데 초점을 두었습니다. 팀원보다 팀장이 말을 많이 하고, 팀원은 계속 듣기만 하는 상황이 반복되었습니다. 그러다 지민의 이야기를 들으며, 팀원이 자신의 이야기를 할 수 있도록 시간을 주는 것이 중요함을 깨달았습니다. 그래야만 팀원의 진짜 고민과 문제를 파악할 수 있다는 것을 말입니다.

한 번은 지민이 직장 생활의 스트레스와 팀 내에서 겪고 있는 어려움에 대해 솔직하게 털어놓은 적이 있었습니다. 원온원을 경험하기 전의 승현이었다면, 지민의 문제를 해결할 수 있는 해결책과 아이디어를 끊임없이 늘어놓았을 것입니다. 해결될 때까지. 그러나 승현은 그런 대화가 상대의 문제를 온전히 해결해 주지 못하는 사실을 알고 있습니다. 승현은 지민의 이야기를 듣고 감정에 공감하는 데 집중했습니다. 문제 이전에 사람을 보기 시작한 것이죠. 그리고 나서 문제를 해결하기 위해 함께 고민했습니다.
중요한 건 상대의 말에 공감하는 데 그치지 않고, 그 메시지 이면에 숨겨진 맥락과 감정을 파악하는 것이었습니다. 때로는 감정에 공감만 해주었는데도 문제가 해결되기도 했습니다. 이를 기점으로 승현은 상대가 편하게 말할 수 있게 하는 리더가 되고자 다짐했습니다. 그랬더니 팀원들이 먼저 찾아와 원온원을 요청하기 시작했습니다.

자 어떻습니까? 구성원이 먼저 신청하는 원온원의 비밀은 무엇이라고 생각합니까?
원온원은 단순히 팀장과 팀원이 만나는 면담이 아닙니다. 업무와 개인의 성장, 고민에 대해 진솔하게 대화를 나누며 서로의 신뢰를 쌓아가는 과정입니다. 승현과 지민의 사례처럼, 정기적인 원온원은 상호 간의 믿음을 강화하고, 팀원의 성장을 돕는 기회를 제공합니다. 도전적인 목표를 합의하고 공감하는 것은 구성원에게 더 높은 몰입을 할 수 있는 환경을 선사합니다. 그 과정에서 이루어지는 지지와 격려가 구성원의 내적 동기를 이끄는 강한 힘이 됩니다. 결론적으로, 이 모든 것이 모여 조직 전체의 발전을 만들어 냅니다.

'그건 우리 조직에서 불가능해!' '말도 안 되는 소리야!'라고 생각하면, 실제로도 그렇게 될 것입니다. 지금 이 순간에도 변화하는 조직들이 늘어나고 있습니다. 원온원 미팅을 통해서 말이죠. 일을 하면서 보람과 성취, 자기효능감을 느끼는 팀도 계속 생기고 있습니다. 우리 조직도 그렇게 되길 바라지 않으십니까? 구성원이 원온원을 신청하는 문화를 만들어 보십시오.

원온원 미팅을 통해 진정한 소통과 성장을 경험해보길 바랍니다.

팀장의 실력이 팀의 실력이고 팀원의 성장이 팀의 미래입니다.

원온원 미팅 전도사가 된 홍대리

이렇게 승현은 원온원 미팅의 중요성을 깨달았습니다. 원온원을 통해 팀원과 더 깊은 관계를 구축하고, 그들의 성과를 높일 수 있음을 몸으로 경험했습니다. 승현의 원온원 성공 스토리는 조직 내에 빠르게 퍼졌습니다. 인사팀에서는 승현에게 원온원 성공 스토리를 전파해 주길 요청했습니다. 승현도 자신의 경험과 노하우를 공유하고 싶었습니다. 이제는 다른 리더들에게 원온원을 알리고, 그들이 할 수 있도록 설득하는 새로운 도전에 직면하게 되었습니다.

그는 팀장들에게 원온원을 전도하고자 인사팀이 주관하는 세미나에 참석했습니다. 승현은 회의실 문을 잡고 깊게 숨을 들이마셨습니다. 회의실 안에는 30명의 팀장이 앉아 있습니다. 그는 다른 리더들에게 원온원을 알려줄 생각에 가슴이 두근거렸습니다. 누군가는 '그렇게까지 긴장할 일인가?'라고 생각할 수 있습니다. 다만 원온원을 직접 경험하고 그 효과를 입증했던 승현에게는 매우 중요한 순간이었습니다.

승현은 설레는 마음으로 마이크를 잡았습니다.
"안녕하세요. 홍승현 대리입니다. 이렇게 바쁜 와중에 시간을 내주셔서 감사합니다. 오늘은 제가 경험한 원온원 미팅의 중요성과 그 방법에 대해 이야기하려고 합니다. 아마 많은 분들이 '이렇게 바쁜데 어떻게 원온원을 하냐'고 생각하고 계실 겁니다."

승현은 프레젠테이션 화면을 띄웠습니다. 첫 슬라이드에 '원온원 미팅의 중요성'이라는 제목이 선명하게 보였습니다.
"원온원 미팅은 단순히 팀원과의 면담 시간이 아닙니다. 원온원은 팀원의 커리어 목표와 성장을 이해하고, 그들의 생각과 어려움을 듣는 중요한 시간입니다."

이후 자신이 만들었던 체크리스트를 팀장들에게 보여주었습니다.
"여러분, 이 리스트를 보시고 모든 질문에 자신 있게 답할 수 있는지 생각해 보십시오."

1 나는 팀원의 커리어 목표와 구체적인 성장 욕구를 알고 있다. **2** 나는 팀원이 어떤 생각으로 출근하고 어떤 실망으로 퇴근하는지 알고 있다. **3** 나는 팀원의 지난주 업무 성과를 알고 있고 잘한 점과 개선점을 알고 있다. **4** 나는 팀원이 가진 솔직한 어려움을 알고 있고 구체적인 해결책이 있다.

"대부분의 경우, 그렇지 못할 겁니다."

팀장들은 진지하게 체크리스트를 바라보았습니다. 이어서 승현은

"이러한 질문들은 원온원을 통해 솔직하게 이야기해야만 조금씩 이해할 수 있는 것들입니다. 팀장과 팀원의 진정성 있는 대화가 원온원의 핵심입니다."

라고 말했습니다.

그는 세미나 참석자들에게 자신이 원온원을 진행할 때 중요하게 여기는 몇 가지 팁을 전했습니다.

"첫째, 원온원을 위한 충분한 준비가 필요합니다. 팀원의 최근 성과, 고민, 그리고 목표를 미리 파악하고 있어야 합니다. 둘째, 대화 중에는 경청하는 자세가 중요합니다. 팀원이 말하는 내용을 진지하게 들어주고, 그들의 감정과 생각을 이해하려고 노력해야 합니다. 셋째, 대화가 끝난 후에는 반드시 기록을 남겨야 합니다. 이를 통해 다음 원온원에서 지속적인 대화를 이어갈 수 있습니다."

마지막으로 원온원을 마무리하는 방법도 언급했습니다.

"마무리 단계에서는 팀원이 제안한 해결책이나 아이디어를 실천할 계획을 세우고, 다음 원온원에서 그 진행 상황을 점검하는 것이 중요합니다. 이렇게 하면 팀원은 자신의 의견이 존중받고 있다는 느낌을 받을 수 있습니다."

승현은 자신이 경험한 사례들을 구체적으로 설명하며, 팀장들의 질문에 답변해 주었습니다. 시간이 흘러 세미나가 끝날 무렵, 팀장들은 원온원의 중요성과 그것이 가져올 긍정적인 변화를 이해하게 되었습니다.

"홍 대리님, 오늘 강의 정말 유익했습니다. 지금부터라도 우리 팀에도 원온원을 도입해 보려고 합니다." 한 팀장이 다가와 말을 건넸습니다. 승현은 미소를 지으며 고개를 끄덕였습니다. "도움이 되었다니 기쁩니다. 작은

변화가 큰 성과를 이끌어낼 수 있습니다. 힘들겠지만, 포기하지 말고 꾸준히 실천해 보세요."

그날 이후, 팀장들은 원온원을 하며 그 가치를 체감하고 팀원들과의 관계를 더욱 돈독히 다질 수 있었습니다. 조직 전체의 성과도 눈에 띄게 향상되었습니다. 승현은 팀장들의 변화를 보면서 큰 자부심을 느꼈습니다. 그는 계속해서 원온원을 통해 새로운 도전을 성공적으로 이끌어 나가며, 훌륭한 리더로 성장해 나갔습니다.

18

원온원이 전파되다

 정민은 4년 차 직장인으로, 몇 달 전에 팀 리더로 승진했습니다.
 그는 팀의 생산성을 높이고 분위기를 개선해야 하기 위해 고민이 많았습니다. 승진의 기쁨보다 새로운 책임이 주는 무게가 더 무겁게 느껴지기도 했습니다. 어디서부터 시작해야 할지 막막했습니다.

 어느 날, 정민은 커피 한 잔을 들고 사무실 창밖을 바라보며 깊은 생각에 잠겼습니다. 갑자기 몇 주 전에 진행되었던 홍 대리의 원온원 세미나가 머릿속을 스쳐 갔습니다. 그러다 문득 '나도 원온원을 해볼까?'라는 생각이 들었습니다. 왠지 원온원 미팅을 통해 팀의 문제점을 파악해 생산성을 높이고 분위기도 긍정적으로 바꿀 수 있겠다는 확신이 생겼습니다.
 월요일 아침 9시 10분, 정민은 팀원들이 모두 모인 자리에서 침착하게 말을 꺼냈습니다.
 "좋은 아침입니다, 여러분. 오늘은 새로운 계획을 공유하려고 합니다.

앞으로 원온원 미팅을 정기적으로 진행할 것입니다. 리더로서 팀을 잘 이끌고 싶지만, 혼자서는 어려운 부분이 많습니다. 여러분과 함께 팀을 더 좋게 만들어 나가고 싶습니다."

팀원들은 정민의 이야기에 집중했습니다. 정민이 말을 이어갔습니다.

"원온원을 통해 실무에 대한 정보도 얻고, 운영상의 문제점을 개선하려고 합니다. 원온원 시간은 평가의 자리가 아니라, 우리의 성장을 위한 시간이 되도록 노력하겠습니다. 다들 부담 갖지 말고 자유롭게 이야기를 나누어봅시다."

팀원들은 정민의 솔직한 말에 공감했습니다. 그리고 앞으로의 변화를 기대하기 시작했습니다. 회의가 끝난 후, 정민은 아침에 말한 내용을 정리해 팀원들에게 이메일을 보냈습니다.

안녕하세요, 팀원 여러분, 우리가 앞으로 정기적인 원온원을 진행하려고 합니다.
리더의 자리에 있지만 저 역시 부족한 점이 많습니다. 여러분의 도움 없이는 조직을 잘 이끌어가고 성과를 내기 어렵습니다.
원온원을 통해 실무에 대한 정보도 얻고, 팀 운영에 대해 상의하고자 합니다. 원온원은 평가의 자리가 아니라 '우리의 성장'을 위한 시간입니다. 저도 여러분에게 도움이 될 수 있도록 노력할 테니, 부담 갖지 말고 자유롭게 이야기를 해봅시다. 이 시간은 여러분의 목소리를 직접 듣고, 문제를 함께 해결해 나가는 시간이 될 것입니다. 평가가 아닌 상호 이해와 성장의 시간으로 활용해 주시면 좋겠습니다.
정확하게 먼저 말하는 것이 성숙한 리더십이라고 생각합니다. 여러분의 솔직한 의견과 피드백을 기다리겠습니다.

감사합니다. 정민 드림

이메일을 보내고 난 후, 정민은 팀원들과 다시 한번 모여 직접 자신의 생각을 나누었습니다. 그는 팀원들과 대화하며, 신뢰에 기반한 솔직한 소통이 얼마나 중요한지 깨달았습니다. 팀원들은 정민의 솔직하고 진심 어린 관심에 감동했습니다.

3주 후, 원온원 미팅 날이 다가왔습니다. 정민은 회의실 한쪽에 마련된 조용한 공간에서 팀원들과 한 명씩 만났습니다. 첫 번째로 만난 사람은 마케팅 담당자 지수였습니다.

정민은 따뜻하게 미소를 지으며 지수에게 말했습니다.

"안녕하세요, 지수 씨. 오늘 편안하게 이야기 나눴으면 좋겠습니다. 최근 집중하고 있는 프로젝트와 목표는 어떻게 될까요?"

지수는 처음엔 약간 긴장했지만, 정민의 진지한 태도를 보고 마음을 열기 시작했습니다.

"이번 프로젝트에서는 참여자 모집 100%을 목표로, 커뮤니티 행사를 개최해 프로모션을 진행하고 있습니다. 사실 예상보다 모집이 되지 않아 고민이 많은 상황입니다. 특히, 새로운 채널과 홍보 전략을 찾기가 어렵습니다." 정민은 고개를 끄덕이며 말했습니다.

"그랬군요. 이 부분에 대해서 고객들이 모여있는 채널을 조사해서 실행 가능한 전략을 같이 고민해 봅시다. 분명 방법이 있을 거예요."

이러한 대화가 이어지면서 지수는 자신이 겪고 있는 문제를 구체적으로 이해할 수 있었고, 정민의 실질적인 조언과 지원을 통해 해결책을 찾을 수 있었습니다. 반대로, 정민은 팀원의 상황과 진행 과정을 더욱 깊이 이해하게 되었습니다. 팀원과 리더 모두에게 상호 윈윈(win-win)의 결과를 얻은 것입니다.

정민의 진정성이 돋보이는 장면 중 하나는 원온원 미팅 중 지수가 개인적인 어려움을 말했을 때, 진지하게 경청하고 이해하려고 했던 것입니다.

정민은 지수가 감정을 털어놓을 수 있도록 충분한 시간을 주며, 개인적인 안정을 위해 필요한 지원을 아끼지 않았습니다. 지수는 원온원 미팅을 하며 큰 위안을 얻고 다시 업무에 집중할 수 있는 힘을 얻어갔습니다.

또 다른 장면은 정민이 원온원 미팅을 통해 팀원 민수의 장기적인 커리어 목표를 함께 논의한 때였습니다. 그는 민수에게 단기적인 업무 성과에만 집중하지 않고, 장기적인 목표와 꿈을 이루기 위해 일할 것을 강조했습니다. 정민은 민수의 꿈을 진심으로 응원하며 관련 프로젝트를 맡겨주겠다고 약속했습니다. 그렇게 민수는 원온원을 통해 큰 동기부여를 얻었습니다.

몇 달 후, 팀의 분위기는 완전히 바뀌었습니다.

조용하고 내성적이었던 개발자 민수는 신나 하며 정민에게 자신의 아이디어를 공유하고 있었습니다. 마케팅 담당자 지수는 프로젝트를 무사히 마쳐 싱글벙글 웃고 있었습니다. 팀원들은 적극적으로 의견을 제시하고 논의했습니다. 또 서로 도우며 계속 성장하고자 노력했습니다.

정민은 이러한 변화를 보며 리더의 역할이 무엇인지 다시 한번 깨달았습니다. 이제는 지시가 아니라 함께 성장하고 배우는 것이 필요하다고 생각했습니다. 이제 정민은 매주 팀원들과 원온원을 하며 그들의 성장을 도울 수 있는 방법을 찾고 있습니다. 그뿐만 아니라 다른 팀장들에게도 원온원을 적극 추천하며 (홍 대리가 그랬던 것처럼) 조직에 원온원 문화를 전파하기 위해 움직이고 있습니다.

이 이야기를 통해 리더의 역할이 무엇인지, 그리고 어떻게 팀원들과의 소통을 통해 조직의 성장을 이끌어낼 수 있는지 배울 수 있을 것입니다. 정민의 경험은 리더의 솔직함과 신뢰가 팀의 성과와 분위기를 얼마나 크게 변화시킬 수 있는지를 보여주는 좋은 예입니다. 팀원들과 리더가 서로의 상황을 이해하고 의사소통하며, 상호 윈윈의 관계를 구축하는 것이 얼마나 중요한지를 알 수 있습니다.

　원온원 미팅 제도를 도입하기 전에 사전 예고를 하는 것이 중요합니다.

　또 제도를 도입하기 전 오프라인에서 직접 대면해 알리는 것과, 온라인에서 내용을 전달해 인식의 빈도를 높이는 것이 중요합니다. 그 이후에는 공감을 만들어내기 위한 행동이 결정적인 역할을 합니다. 정민의 진정성 있는 원온원 미팅은 팀원들에게 깊은 인상을 남겼고, 그들은 정민의 리더십 아래에서 더욱 단단히 뭉쳐 성장해 나갔습니다.

6부
내 삶 속의 원온원

19

친구를 만나도
일대일로 못 만나는 모든 이들에게

누구나 삶에서 '정말 빛났던 시간'이라고 생각한 순간이 있습니다.

은지는 고등학교 때 그런 시간을 보낸 적이 있습니다. 선생님들이 모두 입 모아 칭찬하던 2학년 8반에서도, 빠지면 안 되는 감초 같은 존재였습니다. 은지는 친구들과 함께하는 모든 순간이 세상에서 제일 소중하게 느껴졌습니다. 만나기만 하면 오디오가 비지 않고 왁자지껄한 시간을 보냈습니다. 친구들과 함께 웃는 순간은 스트레스 해소의 순간이자 삶을 움직이게 하는 정말 큰 에너지원이었습니다.

고등학교를 졸업하고, 은지는 대학교에 입학했습니다. 입학 전부터 신입생들이 모여 있는 학교 어플을 통해 단체 카톡에 들어갔습니다. 그곳에서도 은지는 대화를 주도해 나갔습니다. 뜻이 맞는 몇몇 신입생 친구들과 따로 톡방을 열기도 했습니다. 바야흐로 19학번 인싸 모임의 역사가 시작된 순간이었습니다. 이들은 학생회를 비롯해 연합 동아리 활동을 하며 소위 인싸의 삶을 살아갔습니다. 은지는 주변 사람들에게 좋은 평을 받으며 새로운 인연을 쌓고, 새로운 도전을 이어가는 매 순간순간이 강력한 행복과 만족감을 주었습니다. 그러나 문제는 예고 없이 찾아왔습니다.

신뢰가 깨지는 것의 두려움

요즘 은지는 모임에서 누군가가 화장실을 가는 순간이 달갑지 않습니다. 한 명이 화장실을 가면 다들 이런저런 이유로 잠시 자리를 비우기 시작합니다. 그러다 한 명의 친구와 단 둘이 남게 되는 상황이 종종 발생하던 것입니다. 그럴 때마다 은지는 자연스럽게 휴대폰은 보는 척하곤 했습니다. 딱히 중요한 연락이 있던 것도 아닌데 말입니다.

맞습니다. 어느 순간부터 은지는 일대일 관계에 괜히 머쓱해지며 어떤 말을 해야 할지 어려워하기 시작했습니다. 여러 명의 친구들과 있을 때는 대화를 주도하며 즐거운 시간을 보낼 수 있는데, 단둘만 있게 되면 갑자기 머리가 굳는 기분이었습니다. 참 이상했습니다. 친구들과 대화하는 것은 살면서 가장 쉬운 일이었고, 굳이 노력하지 않아도 되는 자연스러운 장점이었습니다. 지금은 고등학교 때보다 많은 친구들을 사귀며, 그 강점이 더욱 강화되었다고 생각했는데, 이상하게도 일대일 상황을 피하는 자신을 계속 발견하고 있습니다. 스스로 납득이 되지 않았습니다.

인생지사 새옹지마. 사람의 일은 어떻게 될지 예측할 수가 없습니다. 너무나도 사소한 일로 끈끈했던 모임도 하루아침에 사라질 수 있죠. 이 생각까지 다다른 은지는 덜컥 겁이 났습니다. '이 모임 자체가 사라지면, 내가 따로 만날 수 있는 사람이 있을까?' 은지는 자신이 지금까지 쌓아온 인연에 대해 깊이 생각해 보는 시간을 가졌습니다. 그리고 그 생각의 끝은 자신이 가장 빛났던 고등학교 시절로 향했습니다. 어떤 친구와 함께 있어도 어색함이 없었고, 서로 대화하는 것이 설레었던 바로 그 순간을 떠올렸습니다.

그 시절 우리가 좋아했던 대화의 비밀

은지는 오랜만에 방구석 깊이 박혀 있던 한 권의 다이어리를 꺼내 들었습니다. 살짝 누래진 표지와 젖은 후에 말랐는지 쪼글쪼글해진 내지까지. 한눈에 봐도 함께한 시간이 오래된 듯 보이는 다이어리였습니다. 그 다이어리에는 [순간의 다이어리]라고 적혀 있었습니다.

은지는 학창 시절 동안 한 가지 미스터리를 품고 있었습니다. 바로 '우리 언제 친구가 됐었지..?' '처음에 뭐 때문에 친해졌더라?'였습니다. 친구들과 친해진 계기를 제대로 답하지 못했던 것입니다. 은지도, 친구들도 처음의 그 순간을 제대로 기억하지 못했습니다. 이 궁금증을 해결하고자 은지는 고등학교 2학년 때 그 순간을 기록해보자는 다짐을 하고 깔끔한 다이어리를 마련했습니다. 그 다이어리가 바로 [순간의 다이어리]였습니다.

다이어리에 적힌 내용은 너무나 소소한 일상이었습니다. 좋아하는 아이돌 영상을 보다가 부모님께 혼난 이야기, 처참한 성적표를 보며 우울했던 이야기, 유행어를 따라 했는데 너무 못해서 놀림 받았던 이야기, 새로 산 화장품에 대한 이야기 등 정말 사소하고 일상적인 내용이 가득했습니다.

나도 모르게 광대가 방긋 솟게 웃으며 다이어리를 보던 중, 은지의 머릿속에 하나의 생각이 스쳐 지나갔습니다. 다이어리에 적힌 수많은 내용들의 공통점, 바로 우울했거나 창피했거나, 행복해했던 '개인의 이야기'가 적혀 있었습니다. 고등학교 2학년의 은지는 자기 개인의 이야기를 공유하며 서로에게 웃고 공감했던 장면을 '친구가 되었던 순간'으로 기록했던 것입니다.

돌아보니, 은지는 성인이 된 이후 사회에서 만난 친구들에게 '약점이 될 수 있는 이야기'를 하지 않았다는 것을 깨달았습니다. 난 사회에서 멋진 사람이 되겠다, 모두에게 인정받는 사람이 되겠다고 다짐하며, 친구들에게조차 최대한 좋은 모습만 보이려고 노력했습니다. 깊은 대화를 하게 되는 순간을 자신도 모르게 피했죠. 굳이 각 사람과의 깊은 인연이 없더라도 큰 무리의 힘으로 돌아가는 것을 편하게 여기고 있었던 것 입니다.

너를 믿기에 할 수 있는 이야기

이제 은지는 무리에 속해 있다는 '안정'을 버리겠다고 다짐했습니다. 친구들에게 일대일로 만나자고 연락했습니다. 물론 쉽지는 않았습니다. 대부분의 친구가 '아.. 다른 애들은? 다음에 시간 맞춰서 같이 보자~'라고 대답했습니다. 하지만 은지는 포기하지 않았습니다. 계속해서 일대일의 문을 두드렸습니다. 결국 한 친구와 단둘이 만나는 기회를 얻을 수 있었습니다.

은지는 그 친구를 만나 '신뢰'를 주려고 노력했습니다.

"너는 나의 약점도 이렇게 이야기할 수 있는 소중한 친구야!"

은지는 친구와 대화하며 적극적으로 경청하고, 진심을 담아 공감했습니다. 이때 자신을 개방하는 이야기를 반드시 넣었습니다. 이야기의 흐름을 뺏어오는 것이 아니라, 공감의 수준에서 자신의 경험을 이야기했습니다. 그렇게 은지는 긴 시간을 들여 자신의 자세를 바꾸어 나갔습니다.

은지가 쓴 필살기가 궁금하다면? 상대방의 신뢰를 이끌어내는

TRUST 프레임워크

T Tune in (적극적으로 경청하기)
예시 다양한 감탄사, 눈을 맞추며 고개를 끄덕이는 등 행동

R Respond with empathy (공감 표현하기)
예시 그런일이 있었구나.. 지금은 괜찮아? 힘들었겠다.. (어땠겠다)

U Unveil yourself (자신의 경험 공유하기)
예시 나도 그런 비슷한 상황을 겪었어. 너는 어땠어? 나는 굉장히 힘들었어

S Support without judgment (비판하지 않기)
예시 네가 그렇게 느끼는 건 당연해. 네 입장에서 충분히 이해할 수 있어

| T | **Talk positively (적극적인 반응)**

예시 네 이야기를 들으니까 나도 힘이 난다. 그 이후에는 어떻게 됐어?

한편, 은지는 친구들과 일대일로 만나며 새로운 모습들을 발견할 수 있었습니다. 무리에서 항상 조용히 웃으면서 들어주던 희영이는 생각보다 말하기를 좋아하고 자신의 분명한 취미를 가지고 있는 친구였습니다. 오디오가 끊기는 것이 싫다며 계속 말을 이어가던 하진이는 오히려 둘이 있을 때 적당한 침묵을 즐기는 친구였습니다. 일대일로 만나지 않고, 계속 무리 속에서만 보았다면 아마도 끝까지 알기 어려웠을 친구들의 모습이었습니다.

은지는 이제 친구들의 화장실행이 두렵지 않습니다. 일대일로 남는 상황이 전혀 두렵지 않기 때문입니다. 친구들에게도 말합니다. "같이 만나는 것도 좋지만, 이렇게 단둘이 깊은 대화를 하는 것도 정말 좋은 것 같아."라고 말입니다.

이처럼 자기 개방은 상대와의 신뢰를 쌓는 데 중요한 역할을 합니다. 자신의 생각과 감정, 경험을 있는 그대로 공유함으로써, 상대의 마음을 개방할 수 있습니다. 이때부터 우리는 서로에 대한 신뢰를 바탕으로 더 깊은 관계를 형성하고 유지할 수 있습니다.

이제 당신의 차례입니다. 혹시 일대일로 만나는 게 어색해서 꺼려지십니까? 용기를 내서 원온원 만남을 제안해 보는 것은 어떻습니까? 그 첫걸음이 당신의 인간관계를 더 풍부하고 깊이 있게 만들어 줄 것입니다.

20

부모님과 일대일 대화를 한지 어언 백만년

부모와 자녀의 관계는 어떻게 설명할 수 있습니까? 세상에서 누구보다 가깝지만, 가까운 만큼 서로에게 상처를 많이 주는, 참으로 오묘하고 깊은 관계일 것입니다. 우리가 흔히 부모와 자녀 간의 관계를 정의하는 문장 속에서도 그 오묘함이 나타납니다.

"부모님이 있을 때 잘해야 한다."

이는 부모님이 주신 사랑을 돌려드리지 못했는데, 이미 세상에 없을 때의 절규이며,

"자식 이기는 부모가 없다."

이는 설사 어려운 요구더라도 자식이 원하는 것을 해주고 싶은 부모의 마음이 담긴 고백입니다.

우리는 부모와 자식의 관계가 무엇인지 공감하며 살아가고 있지만, 순간의 감정에 못 이겨 모든 것을 잊어버리곤 합니다. 특히 상대에게 기대하고 있던 모습이 이루어지지 않을 때가 그렇습니다.

하림아, 너는 엄마랑 너무 닮았어.

　필자는 엄한 부모님 밑에서 자랐습니다. 특히나 어머니께 자주 혼났던 것 같습니다. "엄마! 동생도 저렇게 하는데, 왜 나한테 더 화내?"라고 물어도 "네가 첫째니까."라고 말하셨습니다. 진심으로 납득되지는 않았지만, '첫째는 그냥 그런 건가?'라고 생각하며 넘어갈 때가 있었습니다.
　어머니가 제게 유독 엄격했던 그 비밀을 알게 된 것은 성인이 되고 난 후였습니다. 이때도 항상 혼나던 이유로 혼나고 있었습니다. 평소라면 무난하게 넘어갔을 텐데,
　이날 따라 '나 성인인데?'라는 사고에 잠식되어 바락 바락 대들었습니다. 폭풍 같은 시간이 지나고 서로 감정이 식어 어느 정도 소강되었을 때, 어머니는 제게 화를 내서 미안하다고 말씀하셨습니다. 그리곤 제게 이 한마디를 하셨습니다.

"하림아, 넌 엄마랑 너무 닮았어"

　어머니는 자신이 스스로 생각하는 부정적인 모습이 사랑하는 딸에게서 보이는 것이 싫었습니다.
　'애는 이러면 안 되는데.. 왜 저런 모습을 닮아서…'라는 답답함은 화로 표출됩니다. 부모님은 자식이 자기보다 더 잘나고 멋지게 살아가길 바라고, '기대'하기 때문입니다.

저번에 알려준 거 또 까먹었어?

온라인을 뜨겁게 달궜던 십계명이 있습니다. 바로 부모님과 여행을 갈 때 반드시 지켜야 하는 여행 십계명이었죠. 아래의 표는 부모님과의 여행에서 자식이 지켜야 하는 십계명입니다.

계명 1. 똑같은 거 물어본다고 짜증내기 금지

계명 2. 사진 다시 찍어줘 금지

계명 3. 외출 준비 1시간 이상 금지

계명 4. 하루 종일 휴대폰 하기 금지

계명 5. 맛집 줄서기 30분 이상 금지

계명 6. 음식 사진 다 찍은 다음 먹기 금지

계명 7. 조금만 더 가면 돼 금지

계명 8. 못 알아듣는 줄임말 금지

계명 9. 다시는 같이 여행 안 올 거야 금지

계명 10. 엄마는 몰라도 돼 금지

이 십계명을 처음 봤을 때, 굉장히 양심의 가책을 느꼈습니다. 필자 역시 누군가의 자식이기 때문이죠.

자녀들이 부모에게 하는 기대는 아마 '늙지 않았으면'인 것 같습니다. '왜 설명을 들어도 한 번에 이해를 못 하지?' '이틀 전에 말했는데, 왜 기억을 못 하지?' '왜 몸이 아픈데 쉬지 않지?' 이 모든 불만의 기저에는 사실 부모님이 건강하게 오래 옆에 있어 주길 바라는 '기대'가 있을 것입니다.

본래 기대라는 것은 아주 강력한 소망입니다. 가족은 서로가 서로에게 자연스럽게 기대할 수밖에 없습니다. 매일 만나고, 함께하고, 사랑하기 때문입니다. 하지만 그 소망이 너무 강력한 나머지, 그 기대에 부응하지 못했다는 이유로 더 크게 실망하고 서로에게 상처를 주기도 합니다. 비록 그 기대가 진정으로 상대를 위한 것일지라도 말입니다.

사실 기대만으로는 상처를 입힐 수 없습니다. 이 기대가 '대화'에 녹아들어 발현될 때, 비로소 기대가 상대를 아프게 하는 가시가 됩니다. 정말 사소한 기대가 대화의 단절을 만들고, 대화가 그 기능을 수행하지 못하게 만듭니다. 어쩌면 이 모든 일은 불가피한 것일 수도 있습니다. 나에게 별것이 아니지만, 누군가에게 별것일 수 있기 때문입니다.

"말해 봤자야, 어차피 안 통해." "내 말을 안 들어주네."라고 생각하다 보면, 어느 순간 그것들이 조그마한 찌꺼기가 되어 우리 안에 쌓이기 시작했습니다. 처음에는 가볍게 넘길 수 있는 정도의 양일지라도, 그것은 순식간에 불어나 해결할 수 없는 거대한 장애물이 될 것입니다.

"어차피 이야기해도 변하지 않을 텐데. 20년 넘게 내내 잔소리해도 안 들었는걸?"처럼 말이죠.

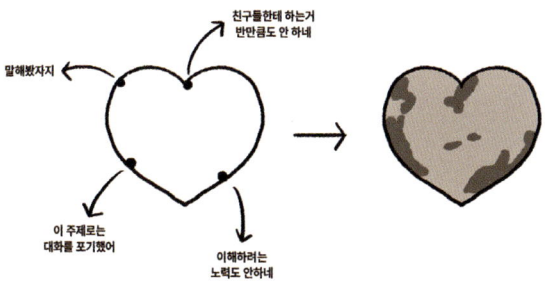

이렇게 쌓인 감정의 찌꺼기는 금방 크기를 키워 장애물이 되곤 한다.

공감만이 부모와의 일대일 소통을 가능케 한다

공감. 너무 뻔하다고 생각하십니까? 하지만 이 뻔한 것을 아무도 하고 있지 않다면, 다시금 강조할 수밖에 없습니다.

몇몇 가정은 '무소식이 희소식이지' '우리집은 원래 되게 과묵한 집이야' 등의 이유로 대화의 단절을 하나의 문화처럼 여기곤 합니다. 바람직하지 않습니다. 필요할 때는 길게 대화할 줄 알아야 합니다. 길고 편안한 대화를 만드는 가장 빠르고 효과적인 방법이 바로 공감입니다.

현재 독립한 자녀들이 집에 방문하는 비율은 한 달에 3번, 전화는 일주일에 2.2회 정도입니다. 대부분 '만나서까지 잔소리를 듣기 싫다.' '전화로 무슨 말을 해야 할지 모르겠다.' '말이 안 통한다.'라고 말하며, 부모와의 소통을 꺼려 합니다.

단언컨대, 이 모든 문제는 공감으로 해결할 수 있습니다. 공감도 습관입니다. 그 습관을 만들기 위해 반드시 알아야 하는 핵심 4가지를 살펴보겠습니다.

1 자기 자신의 세계에서 벗어나자!
2 상대방의 세계로 들어가자!
3 상대방이 가장 어려워하는 감정을 찾자!
4 긍정적인 요소를 찾아 반응하자!

공감적 경청을 하기 위해서는 나의 세계에서 벗어나, 상대의 말을 있는 그대로 들어주며 그의 세계로 들어가야 합니다. 그리고 그 이면에 숨겨진 감정을 파악하고, 긍정적인 동기부여를 해주어야 합니다. 부정적인 표현은 모두 긍정의 것으로 바꾸고자 하는 마음이 필요합니다.

부모님의 말씀에 공감을 시작하면 이렇게 바뀌게 됩니다. 처음에 잔소리라 생각하고 있다가도, 지금 왜 이 이야기를 하고 있을지 그 세계에 공감할 작정을 합니다. 그리고 그 내면의 감정을 찾아보는 것입니다. '아 지금 나를 걱정해서 그러시는구나?' '지금 내 상황이 답답하고 안타까워서 그러시는구나?' 라는 방향으로 잘 옮겨간 순간부터 우리는 '적절한' 반응이 가능하게 됩니다. 그때부터 감정의 찌거기가 쌓이지 않는, 본연의 '대화'를 할 수 있게 되는 것입니다.

자녀들에게 권하는 말

간혹 자녀들은 그 상처와 서운함을 다 해결하고 싶어 합니다. 나의 상처를 보상받고 싶은 자녀들은 한 가지 '실수'를 범할 수 있는데, 바로 부모가 처음이라 서툴렀던, 어떤 한 사람의 숨기고 싶던 옛 과거를 자꾸 들추는 것입니다.

지금 이 책을 읽고 있는, 누군가의 자녀인 당신에게 권합니다. 부모님의 마음을 불쑥 들추기보다, 서로 대화하십시오. 그 공감을 부모님께도 강조하십시오. 공감의 대화도 습관이 될 수 있고, 늘 수 있는 영역입니다. 이를 잊지 말고, 계속 시도하길 바랍니다.

21

상상도 못 할 내 혈육과의
일대일 담화

혈육과의 일대일 대화라면.. 말다툼 말씀하시는거죠?

   필자의 지인 중에 정화라는 친구가 있습니다. 정화. 참 예쁜 이름이지만, 이 이름에는 살짝 안타까운 사연이 있습니다. 평소 오빠와는 담을 쌓고 지내는 것이 무색하게, 정화는 오빠인 '정훈이와 화목하게' 지내라는 뜻으로 지어졌습니다. 진지하게 개명을 고민하는 친구의 모습을 보며, 차마 웃지 못했던 기억이 어렴풋이 남아있습니다.

   형제, 자매, 남매를 바라보는 시선을 다양하지만, 한국에서는 서로를 신경 쓰지 않고 가볍게 깎아내리는 것을 '찐(진짜)남매'라고 부르곤 합니다. 사이가 좋은 혈육을 부러워하며 칭찬하기도 하지만, 정작 본인은 쑥스러워 괜히 틱틱대는 경우를 심심찮게 찾아볼 수 있습니다.

여기 '찐자매'라는 소리를 듣는 가은, 가영 자매가 있습니다. 둘은 겨우 18개월 차이가 나는 연년생입니다. 언니 가은과 동생 가영은 어릴 때부터 한 방에서 지지고 볶으며 많은 시간을 보냈습니다. 서로 똑 닮았듯이 성격도 비슷했다면 좋았을 텐데, 아쉽게도 이 자매는 상극인 성격을 가지고 있었습니다. 사춘기를 겪으며 점점 더 자아가 강해졌고, 작은 일에도 쉽게 다투곤 했습니다.

가은 야. 임가영, 너 옷 이렇게 둘래? 저번에도 그러더니

가영 아.. 나 어제 너무 피곤해서 못 했어. 한 번은 그럴 수도 있지 뭘 그렇게.

가은 맨날 내가 치워 놓으니까, 니가 모르는 거야. 내가 한 번 안 치워봐? 방 어떻게 되나?

가영 (어이없어 하며) 아니 언니는 제대로 치워? 자기도 안 치울 때 많으면서 깔끔한 척은 진짜…

가은 내가 언제 안 치웠는데, 말해봐

가영 와 그걸 또 따지고 있냐? 진심 피곤하게 산다.

가은과 가영은 서로의 잘못을 지적하며 자신의 행동을 정당화했습니다. 시작은 사소했지만, 이 다툼은 크게 번져 같은 공간에 있는 것마저 불쾌할 정도로 깊어졌습니다. 둘 다 미안한 마음은 있지만, 그 누구도 먼저 사과하려고 하지 않았습니다. 이 문제를 어떻게 해결할 수 있을까요?

내 혈육의 분노 버튼

혈육은 태어난 순간부터 자연스럽게 경쟁에 놓이게 됩니다. (나이 차이가 작을수록 더욱 그러합니다.) 부모는 자식을 비교하지 않으려, 편애하지 않으려 노력하지만, 그 노력이 무색하게도 반드시 우열이 나뉘는 상황이 발생하곤 합니다. 그렇게 알게 모르게 비교와 경쟁의 시간을 보낸 형제, 자매, 남매들에게는 각각 마음속에 분노 버튼이 생기게 됩니다.

누군가 그 버튼을 누르는 순간, 눈물을 동반한 억울함과 화남이 가득 올라옵니다. 혈육은 그 버튼이 어떨 때 눌리는지 본능적으로 알고 있을 것입니다. 그러니 싸울 때마다 어떻게든 상대의 버튼을 빠르게 누르고자 노력하는 것이죠.

> 야. 임가영, 너 옷 이렇게 둘래? 저번에도 그러더니 내가 치워 놓으니까, 니가 모르는 거야. 내가 한 번 안 치워봐? 방 어떻게 되나?

언니 가은은 동생 가영이의 분노 버튼을 정확하게 찾아 눌렀습니다. '저번에도' '내가 치우니까'라고 말하며 가영이의 청소 능력을 낮추고 자신의 권위를 높이고 있습니다.

> 아니 언니는 제대로 치워? 자기도 안 치울 때 많으면서 깔끔한 척은, 진짜⋯ 와 그걸 또 따지고 있냐? 진심 피곤하게 산다.

동생 가영도 곧바로 버튼을 눌렀습니다. '제대로 치워?' '또 따지고 있냐?' 라고 말하며, 가은의 꾸준하지 못함과 소심함을 지적하고 있습니다.

가은과 가영은 자신을 무시하는 표현에 분노 버튼이 제대로 눌리게 됩니다. 그렇게 서로의 버튼을 쉬지 않고 누르던 둘은, 문득 계속하다가는 버튼이 망가지고 관계를 영영 되돌릴 수 없을 것 같다는 생각이 들었습니다.

자아를 지키는 일대일 방법

이 다툼에 숨겨진 것이 대체 무엇입니까? 바로 자존심입니다. 자신의 자아를 굽히고 자존심이 상처 입는 그 순간을 두려워하는 것입니다. 이런 상황을 겪고 있는 혈육들에게 이 3step을 추천합니다.

1 서로의 규칙을 정해 공유합니다.
2 서로의 규칙을 보며, 그 규칙을 설정한 이유를 나눕니다.
3 서로의 성향을 이해하고, '그래서 이런 규칙을 원하는구나'라고 생각합니다.

혈육 간의 원온원은 거창하지 않습니다. 서로 이해하고 존중하는 마음만이 필요할 뿐입니다. 서로 작성한 규칙을 지켰네, 안 지켰네로 싸우는 것이 아니라, 그 내용을 공유하는 과정을 통해 서로를 알아가는 것이 핵심입니다. '그래서 그랬구나~'라고 생각하는 깨달음이 필요합니다.

가장 무서운 안티팬은 원래 팬이었던 사람이라고 합니다. 혈육도 그렇습니다. 가장 가깝게 지내며 서로를 좋아했다가, 별것 아닌 일상의 갈등으로 완전히 돌아서서 '남'이 되기도 합니다. 원온원을 통해 서로의 자아를 존중하고 배려하는 자세를 갖추십시오. 원온원으로 소중한 가족을 지키십시오.

22

연인간에도 원온원을?

한 커피숍. 지수는 남자친구 민준을 기다리고 있습니다. 지수와 민준은 즐거운 연애를 하고 있지만, 가끔 작은 갈등을 겪으며 다투곤 했습니다.

지수는 한 기업의 불매운동에 적극 참여하고 있습니다. 그 기업이 저지른 환경 파괴와 인권 침해에 강한 반감을 느꼈기 때문입니다. 평소에도 민준과도 해당 이슈에 대해 충분히 나눴었기에, 지수는 눈앞에서 펼쳐지는 상황을 믿을 수가 없었습니다. 민준이 해당 기업의 로고가 박힌 쇼핑백을 들고 데이트 장소에 나타났기 때문입니다.

"야, 너 그 쇼핑백 뭐야? 내가 불매한다고 말했었잖아!"

지수는 어이없어하며 말했습니다.

"아 이거? 그냥 이너웨어 좀 샀어. 다른 브랜드보다 가성비가 좋잖아."

민준은 대수롭지 않다는듯이 대답했습니다.

그 대답을 들은 지수는 순간적으로 화가 났습니다.

"너 진짜 내 생각은 안 하는구나. 내가 저번부터 불매하고 있다고 말해줬잖아! 근데 데이트할 때, 그걸 아무 생각 없이 들고 오는 게 말이 돼? 다른 사람들도 쳐다보잖아!!"

민준도 지수의 반응에 화가 났습니다.

"아니, 내가 뭘 잘 못했는데. 가성비가 좋으니까 산 거지. 그렇게까지 화를 낼 일이야?!"

지수와 민준은 서로의 입장을 이해하지 못한 채 감정이 격해져 큰 소리로 다투었습니다. 민준의 손에서 눈치 없이 팔랑대는 그 쇼핑백은 지수의 마음에 더 불을 지필 뿐이었습니다.

둘은 이 상황을 어떻게 해결해야 할까요?

결별, 이혼 사유 1위 성격차이

결별과 이혼 사유 1위는 성격 차이라고 합니다. 우리는 간혹 배려가 아닌 양보를 한다고 느낄 때, 성격 차이가 난다고 생각합니다. 그렇다면 배려와 양보의 차이는 무엇일까요?

배려는 짝배을 고려해 준다는려 의미를 지니고 있습니다. 진정한 배려는 나의 마음에서부터 시작됩니다. 내 마음을 나눌 여유가 있어야 합니다. 이 여유가 있어야 상대방을 진심으로 생각하고, 그들의 행복과 편안을 위해 자발적으로 봉사할 수 있습니다. 배려는 내 마음에서 우러나오는 긍정적인 강점과 행동입니다. 양보는 옆으로 피해양 걸음보을 상대에게 넘긴다는 의미를 가지고 있습니다.

양보는 상대방의 요구나 필요를 충족하기 위해 자신의 바람이나 필요를 포기하는 것을 말합니다. 배려와 달리 내 이익을 포기하는 것에 집중되어 있죠. 그래서 우리는 양보를 할 때 종종 해소되지 않는 찝찝함을 느끼기도 합니다.

방금의 대화에서 지수는 민준이 자신의 신념을 이해하고 배려해 주길 원했습니다.

민준은 지수의 요청으로 애정하는 브랜드를 사용하지 못하게 되는 것은, 자신의 이익을 포기한 양보라고 느껴졌습니다. 연인 간의 다툼은 이렇듯, 나의 행동이 양보라고 느껴졌을 때, 손해 감정을 느끼면서 시작되곤 합니다.

양보라는 행동을 파헤치는 원온원

연인 사이에 발생하는 수많은 다툼을 막기 위해서는 어떤 행동을 배려로 느끼고, 어떤 행동을 양보로 느끼는지 알아야 합니다. 양보에 대해 명확히 이야기해 오해를 사전에 방지해야 합니다. 상대방이 자신의 행동을 어떻게 받아들이는지 어떻게 알 수 있을까요? 당연히 그 대답은 원온원입니다.

아래는 양보 질문리스트입니다.

이 행동을 하면서 내가 원하는 것을 포기한다는 느낌이 들었습니까?

이 행동을 할 때 불만이나 억울한 감정을 느꼈습니까?

이 행동을 하고 나서 마음에 아쉬움이나 손해본 느낌이 남았습니까?

이 행동이 나의 필요보다 상대방의 필요를 우선하는 것으로 느껴졌습니까?

이 행동을 할 때 마음속에서 갈등이 있었습니까?

비슷한 상황에서 다시 **이 행동**을 해야 한다면 부담스럽다고 느낄 것 같습니까?

이 행동을 하지 않았다면 더 좋았을 것 같다는 생각이 듭니까?

이 질문리스트를 통해 연인과 일대일 대화를 해보십시오. 서로의 감정과 필요를 이해함으로써 의사소통의 오류를 줄이고 상호 존중을 높일 수 있을 것입니다. 어떤 행동이 발생했을 때 비난보다는 협력적인 태도로 접근하길 바랍니다. 아! 이 행동에는 싸움의 원인이 되었던 행동을 대입하면 됩니다. 그럼, 이제 지수와 민준의 이야기에 적용해 보겠습니다.

지수 민준아, 만약에 그곳의 이너웨어를 사지 않는다면, 많이 아쉬울 것 같아?

민준 응.. 아쉬움이 진짜 클 것 같아.

지수 어떤 점이 제일 아쉬운데?

민준 너도 알겠지만, 나 아토피가 있잖아..? 예민해서 특정 소재의 이너웨어만 입어야 하는데, 다른 제품은 나한테 맞는 게 없더라고.. 그래서 어쩔 수 없이 이 브랜드의 이너웨어를 산 거야.

지수 그랬구나, 민준아. 몰랐어. 너무 일방적으로 내 입장만 밀어붙였던 것 같아. 그래도 다른 제품 사려고 노력해 줘서 고마워.

민준 이해해 줘서 고마워, 지수야. 난 항상 너의 의견을 존중하니까 믿어줬으면 좋겠어.

지수 응! 앞으로는 이런 문제가 생기면 바로바로 이야기하자. 그러면 오해도 빨리 풀 수 있을 거야.

오래 만나는 커플과 그렇지 못한 커플에게는 유의미한 특징이 나타납니다. 오랫동안 관계를 지속하는 커플은 갈등이 생기면 주변 사람들에게 말하기보다는, 둘만의 깊은 대화를 통해 해결하려고 노력합니다. 반면, 금방 헤어지는 커플은 서로에게 쌓인 불만을 주변 사람들에게만 이야기하며, 정작 중요한 상대와의 대화를 놓치는 경우가 많습니다.

　연인 간의 깊은 대화, 원온원은 서로의 신뢰와 관계를 단단하게 만들어 줍니다. 이렇게 관계가 형성된다면, '양보'도 기꺼이 하는 사이로 발전할 수 있습니다.
　여담으로 필자는 양보라는 한자를 굉장히 좋아합니다. '양'이라는 한자의 오른쪽에 붙어있는 도울 양(襄)자 때문입니다. 이 글자는 소 두 마리가 쟁기를 끌고 딱딱한 땅을 갈아엎는 광경을 표현하고 있습니다. 쟁기질은 두 마리의 소가 함께여야만 가능합니다. 추운 겨울 동안 단단해진 표면의 흙을 생명의 숨을 품고 있는 촉촉한 흙과 섞이도록 합니다. 이렇게 흙이 섞여야만 씨앗이 싹을 틔울 수 있습니다.
　서로 다른 삶을 살아온 두 사람이 만나, 서로 맞지 않는 단단한 부분들을 힘껏 갈아엎었을 때, 비로소 진정한 사랑의 결실을 맺을 수 있습니다. 흙이 섞이듯 상대를 이해하고 공감하길 바랍니다.
　그 모든 것은? 네, 원온원에서 시작됩니다.

23
아직도 원온원이 부담스러운 당신에게 건네는 위로의 말

지금까지 다양한 상황에서의 원온원을 만나봤습니다.

리더의 원온원, 팀원의 원온원, 그리고 일상에서의 원온원까지. 하지만 여전히 원온원을 시도할 용기가 생기지 않는 '누군가'가 있을 거라 생각합니다. 내 리더가 정말 원온원을 받아줄까 걱정이 될 수도, 이런 문화가 없는 회사의 분위기에 눈치가 보일 수도, 또 내향적인 사람이라 신청조차 힘들 수도 있습니다.

아직도 원온원을 부담스럽게 느끼는 당신에게 진심으로 위로의 말을 건네고 싶습니다. 그리고 다시 한번 원온원에 도전하라고 말하고자 합니다.

필자가 지금까지 가지게 되었던 여러 이름 중에, 가장 괴롭고 가장 버리고 싶었던 이름이 있었습니다. 바로 임고생입니다.

과거 임용고시를 준비하던 시절, 잠깐 약한 우울 증세가 있었습니다. 평소에 톡방에서 활발하게 말하던 제가 몇 주 동안 아무 말도 하지 않으니, 친구들이 걱정하며 죽과 군것질거를 바리바리 싸 들고 집 앞에 찾아 온 적도 있을 정도였죠.

우울증에 걸린 이유는 명확했습니다. 매달 1일에 공부 계획을 세우고, 매달 마지막 날에 실행한 것을 돌아봤습니다. 그런데 너무나도 많은 것들을 지키지 못한 내 모습을 발견했습니다. 다른 임고생들은 17시간의 순공(순수 공부 시간)을 채운다고 하는데, 몇 시간이나 부족한 내가 한심하게 느껴졌습니다. 아이들을 가르치는 데 이 정도까지 해야 하나? 계속 의심하며 마음을 잡지 못했습니다. 부족한 공부 시간을 메꾸려고, 잡혀 있던 약속도 취소했습니다.

이 시절을 회상할 때마다 '왜 그렇게 혼자 강의를 듣고, 혼자 공부하고, 혼자 밥을 먹고, 혼자 스스로에게 상처를 주는 피드백을 했던 것인지' 이해하기 어렵습니다. 나를 인정하지 못하고, 나를 부정적으로 판단하고, 나 혼자 매몰되는 것. 그것이 삶을 갉아먹는다는 것을 느꼈습니다. 그 힘든 시절을 겨우 헤쳐 나왔던 만큼, 여러분에게 이 말을 꼭 전해드리고 싶습니다.

혼자 고민하지 말고 도움을 요청하십시오. 다른 사람과 솔직하게 대화하고 이야기를 나누며 탈출구를 찾으십시오. 타인의 시선과 피드백, 조언이 나의 고민을 해결해 주고, 숨을 쉴 수 있게 해주며, 내 왜곡된 시선을 바르게 고쳐줍니다.

원온원이 보이는 것보다 가까이 있습니다

필자는 기간제 교사를 하며 정말 많은 학생을 만났습니다. 모두가 소중한 제자였지만, 유독 지금까지 연락을 하고 있는 학생들이 몇몇 있습니다. 당연하게도, 교무실에서, 쉬는 시간에 교탁에서, 복도에서 일대일로 말을 나눠본 학생들입니다. "하림쌤!"이라고 부르며 찾아오는 아이들은 정말 실없는 이야기부터 진로, 꿈에 대한 고민까지 다양한 주제로 대화를 걸어왔습니다. 만난 지 얼마 지나지 않은 저를 믿고 솔직함을 나눠준 것이 고마웠습니다. 그래서 더 도와주고 싶고, 그 도움으로 아이들이 목표를 이루는 순간을 함께 만끽하고 싶어지기도 했습니다.

물론 연락처가 없어 어떻게 지내는지 모르는 학생들도 많습니다. 하지만 전혀 걱정되지 않습니다. 그 학생들은 힘들 때 혼자서 끙끙 앓지 않고, 도움을 요청할 줄 알기 때문입니다. 원온원을 짧게나마 직접 경험했기 때문입니다.

원온원은 삶을 살아가는 데 있어 서로에게 신뢰를 줄 수 있는 유용한 방법입니다. 원온원은 멀리 있지 않습니다. 학교 선생님과의 대화, 편의점에서 친구와 나눈 대화, 아빠와의 고민 상담, 친구와의 연애 상담 등 이미 여러분은 원온원을 하고 있었습니다. 원온원을 하십시오. 우리는 이미 원온원의 중요성과 그 힘을 알고 있습니다. 어려움이 있을 때, 직장 상사든, 부모님이든, 친구든 주저하지 말고 도움을 요청하십시오. 원온원을 통해 해결의 실마리를 찾을 수 있을 것입니다.

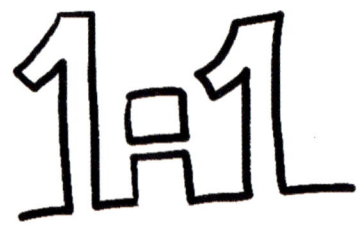

원온원은 무엇일까 고민하면서 펜으로 끄적거리다 나온 낙서 중 하나입니다. 원온원을 시각화하면 이런 이미지가 되지 않을까 싶습니다. 얼핏 두 '1'이 서로 대척점에 있는 것처럼 보이지만, 사실 하나의 선에 함께 서 있습니다. 이렇듯 원온원은 서로 함께 가운데서 결과들을 차곡차곡 쌓아가는 것이 아닐까요?

자, 여기까지가 여러분께 건네는 위로의 말이었습니다. 다음 장으로 넘어가기 전, 마음을 다잡고 용기를 내보시길 바랍니다.

24

집단 속에 있으면
숨을 수 있을 거라 생각했습니까?

　우리는 집단 속에서 성장하고, 집단 속에서 일하며, 집단 속에서 살아가는 사회에 익숙해져 있습니다. 이러한 집단주의 문화는 때로는 큰 장점이 되지만, 우리의 개인적인 성장과 진정한 소통을 방해하는 요소로 작용할 수도 있습니다. 이제는 개별 미팅, 즉 원온원의 중요성을 인식하고, 이를 우리의 삶에 적극 도입해야 할 때입니다.

한국 사회와 집단주의

대한민국은 오랜 시간 동안 집단주의 문화를 유지해 왔습니다. 학교에서는 반 전체가 함께 움직이고, 회사에서는 팀 단위로 일하며, 가족이나 친구 관계에서도 집단의 결속을 중요시합니다. 이러한 집단주의는 강한 결속력과 협동심을 강조하지만, 개인의 목소리가 묻히고, 진정한 소통이 이루어지기 어렵다는 문제점을 가지고 있습니다.

한국 회사의 집단 미팅 문화

한국의 기업 문화에서도 집단 미팅이 선호됩니다. 회의는 주로 여러 명이 함께 모여 진행되며, 의견을 나누는 것보다 상사의 지시를 듣는 시간이 더 많습니다. 이런 환경에서는 개개인의 생각이나 창의적인 아이디어가 충분히 발휘되기 어렵습니다. 또한, 집단 미팅에서는 개인의 고민이나 문제를 깊이 있게 다루기 어렵기 때문에, 진정한 해결책을 찾는 데 한계가 있습니다.

우선 이렇게 사회나 회사에서는 거의 미팅에서만 집단주의가 발휘되는 것이 아닐까 생각이 들 정도로, 요즘은 개별주의가 핵심으로 떠오르고 있습니다.

지금의 학생들과, 최근 입사자들의 특징에서는 이런 집단주의를 오히려 찾아보기 어렵기 때문입니다. 오히려 너무나 개별화 되어있는 것이 사실입니다. 이들의 개별화의 방향은 정말 본인을 향해 있습니다. 오직 나를 방어하고, 나를 굳이 드러내지 않고, 굳이 주변 사람들하고 관계를 쌓을 필요 없고, 내 삶을 공유할 필요도 없고, 워라밸은 기본 중의 기본이고, 나만의 시간이 중요한 개별화 중의 개별화의 시대를 보내고 있습니다.

이렇게 된 건 너무 당연합니다. 팬데믹의 시기를 겪으며 직접 대면의 소통 기회가 많이 없어진 세대가 가지게 되는 지극히 자연스러운 현상이라고 생각해주시면 됩니다. 하지만 자연스러운 것은 자연스러운 것이고, 이런 삶의 태도가 당신의 성장과 실력에 실질적인 도움이 되는가? 라면 단호히 아니라 답하겠습니다.

아늑한 고치 속에 들어간 당신에게

각자에게는 단단한 누에고치가 있습니다. 그 속에 들어가면 모든 것이 해결되는 느낌을 받죠. 회사에서도 누군가는, 지금 누에고치에 들어가고 있습니다. 굳이 나한테 신경쓰지 말아줬으면 좋겠고, 내 업무, 네 업무는 나뉘어져 있는 거니까 다른 일은 돕고 싶지도 않고, 굳이 여기서 더 해야하는지 모르겠고, 그러기도 싫습니다.

혹자는 고치 속에서, 집단 속에서 숨어 있으면 모든 것이 편할 것이라고 생각합니다만, 이는 매우 큰 오산입니다. 당신이 고치에 숨어 있는 동안, 다른 사람들은 고치를 깨고 날아갈 준비를 하고 있습니다. 조직은 성장하는 인재에게는 관대하지만, 게으른 둔재에게는 냉혹합니다. 고치로 멈춰 있다면, 누구보다 빠르게 눈에 띌 것입니다.

고치 속에 있다면 밖의 소리를 안 들리고, 오직 나의 숨소리와 심장 소리만 들릴 것입니다. 그러다 보면 조금만 무리해도, '심장이 너무 빨리 뛰는 것 같은데? 잠시 멈춰야겠다.'라는 생각이 당신을 지배하게 됩니다. 도전을 두려워하고, 성장을 멈추게 합니다.

코로나19 팬데믹 이후 대한민국 사회는 빠르게 변화하고 있습니다. 대기업, 중소기업할 것 없이 많은 직장에서 원온원 미팅을 도입하고 있습니다. 우리는 더 이상 집단 속에 숨어 있을 수 없습니다. 원온원을 통해 당신의 성장을 도모하고, 리더와 진정으로 소통하며, 더 나은 미래를 만들어가십시오.

이 책을 읽은 당신이, 단단한 고치를 뚫고 힘찬 날갯짓을 할 수 있길 바랍니다.

에필로그

농작물은 농부의
발자국 소리를 듣고 자란다

창훈아, 그거 아니?

"농작물은 농부의 발자국 소리를 듣고 자란다."

필자의 할아버지가 밭에서 해주신 이 한마디는 오랫동안 필자의 마음에 남아 있습니다. 할아버지는 매일 새벽마다 밭으로 나가셨습니다. 이슬이 채 마르기 전, 그는 부지런히 밭을 걸으며 작물 하나하나를 돌보셨습니다. 어렸을 때 저는 그 이유를 잘 몰랐지만, 이제는 압니다. 할아버지는 밭에서 목표를 세우고, 그 목표를 이루기 위해 매일같이 발걸음을 옮겼습니다.

그의 목표는 단순히 많은 수확을 올리는 것이 아니었습니다. 할아버지는 밭에서 자라는 모든 작물들이 건강하게 자라기를 바랐습니다. 그래서 그는 매일 아침 첫 빛이 비추기 전에 밭으로 나가, 작물의 상태를 점검하고 필요한 조치를 취했습니다. 때로는 잡초를 뽑고, 때로는 물을 주며, 병충해가 생기지 않도록 철저히 관리했습니다. 할아버지의 손길이 닿은 곳마다 생명이 움트고, 시간이 지나면서 밭은 풍성한 열매로 가득 차게 되었습니다.

이러한 꾸준한 돌봄과 정성이 농작물을 키운다는 것을 할아버지의 밭에서 직접 보면서 자랐습니다. 그 당시에는 그저 할아버지가 열심히 일하는 모습이 대단하다고 생각했지만, 시간이 지나며 그 깊은 뜻을 이해하게 되었습니다.

제가 성장한 이후, 여러 기업 현장에서 리더와 구성원들을 만나며 교육과 코칭을 진행하면서 할아버지의 그 말씀이 얼마나 중요한지를 다시금 깨닫게 되었습니다. 한 해 동안 많은 기업 현장에서 수많은 리더와 구성원들을 만납니다. 이분들과 교육, 코칭, 컨설팅을 진행하면서 깨달은 점이 있습니다. "사람은 누구나 관심의 소리를 듣고 자란다"라는 생각입니다. 동료의 성장에 더 관심을 갖고 바라보고 기다려줄 때, 어느새 조금씩 변화하고 자라고 있다는 사실을 깨닫게 됩니다. 매일매일 그 변화를 눈으로 확인하지 못하더라도, 일 년이 지난 후에 더욱 성장했음을 느낄 때, 내가 헛수고하지 않았다는 보람과 감사함을 느낍니다. 때로는 아무런 변화가 없어 보이는 분들조차 나의 관심이 양분이 되고 거름이 되어 다음 해에 자랄 수 있는 밑거름이 될 수 있다는 것을 알게 됩니다.

현장에서 깨달았습니다. 나의 행동에 사랑이 더해지면 헌신이 되고, 사랑이 없으면 낭비가 된다는 사실을 말이지요. 농부가 새벽 이슬을 맞으며 밭을 가꾸듯, 원온원 미팅도 마찬가지입니다.

리더는 구성원에게 자신의 지식과 경험을 아낌없이 나누며, 구성원이 성장할 수 있도록 돕습니다. 농부가 한 포기 한 포기 정성을 들여 물을 주고 잡초를 뽑아내듯이, 리더는 구성원의 문제를 함께 해결하며 그들의 가능성을 키워줍니다. 이러한 과정은 시간이 걸리고 때로는 힘들기도 합니다. 하지만 농부가 자신이 가꾼 농작물이 자라는 모습을 보며 느끼는 기쁨처럼, 리더도 구성원이 성장하고 성공하는 모습을 보며 큰 보람을 느낍니다.

원온원은 시간, 물질, 지식 등 많은 에너지가 들어가는 일입니다. 절대 쉽지 않지만 그 이상의 가치가 분명히 있습니다. 농부가 밭에서 매일같이 걸음을 옮기며 농작물을 돌보듯, 원온원도 정기적으로 만나야 합니다. 리더와 구성원 간의 신뢰를 쌓고, 심리적 안전지대를 만들어 상호 간의 발전적인 소통을 이어가야 합니다. 이러한 소통 문화가 다음 세대까지 잘 전수되게 조직 문화로 만들어야 합니다.

우리는 리더와 팔로워의 시대를 넘어, 동료의 시대를 맞이하고 있습니다. '최고의 복지는 동료다'라는 의미의 '최복동'이라는 키워드가 나올 정도로, 동료와 함께하는 협력의 중요성이 강조되고 있습니다. 성과를 내기 위해서는 원온원을 통해 상호 간의 정보와 지식 공유, 그리고 신뢰 구축이 필수적입니다. 같은 방향을 보고 함께 나아가야 합니다.

그런 의미에서 '최복원'이라는 키워드를 만들어보고 싶습니다. '최고의 복지는 원온원'이다라는 말이지요. 원온원은 함께 가치를 공유하고 성장하며 지식을 나누는 문화입니다. 이러한 문화 속에서 우리는 직장 생활을 보다 보람차고 즐겁게 할 수 있습니다.

원온원은 단순한 업무 회의가 아닙니다. 원온원은 리더와 팀원이 공동의 목표를 달성해가기 위해 지혜를 공유하는 과정입니다. 동료를 이해하고, 지식을 나누며, 서로의 성장을 돕는 '사랑'을 실천하십시오.

농부의 궁극적인 목표는 열매를 맺는 것입니다. 우리의 열매는 성과를 만들어 내는 것입니다. 이 책이 여러분과 다음 세대에게 즐거운 열매, 행복한 성과를 만들어 가시는데 큰 도움이 되기를 진심으로 바랍니다.

　마침내, 여러분 모두가 직장에서 더욱 보람차고 즐겁게 일할 수 있기를 바랍니다. 할아버지의 밭에서 들었던 그 발자국 소리가 이제는 우리가 걷는 길에서 들리기를 바라며, **지금 당장 원온원을 실천해보시기 바랍니다.**

최고의 복지는

원온원.

제공자료

고통에서 소통으로
촉진적 대화를 위한 5가지 도구

비폭력 대화를 위한 SENSe 모델
지지적 안정을 위한 TEB 모델
공감적 경청을 위한 3F 모델
비언어 체크리스트
비언어 행동모음집

01

비폭력, 교정적 피드백을 위한 SENSe 대화모델

박은석 과장은 데드라인을 지키지 못하고 미안한 내색도 하지 않는 팀원에게 어떻게 말해야 할지 고민이다. 누군가가 이 팀원에게 피드백을 줄 때 마다 자신의 실수를 인정하지 않고 오히려 책임을 회피하려는 태도로 인해 주변에서는 피드백을 하는 것 조차 부담을 느끼는 상황이다.

리더로서 박은석 과장은 팀 전체 분위기가 점점 부정적으로 되는 것을 방지하기 위해 이 상황을 해소해야 하는 상황이고 피드백을 해야 하는 상황이다.

박은석 과장은 이 팀원이 매번 프로젝트나 일을 할 때마다 데드라인을 지키지 않고 미안해 하지도 않는 태도를 교정하기 위해 피드백을 하려면 어떻게 해야 할까? 어떤 방식으로 피드백을 해야 명확하게 이해하고 행동이 교정될 수 있을까?

박은석 과장의 상황은 대부분의 리더가 한번 씩은 겪는 어려움입니다. 이때 많은 경우 "김주임은 왜 이렇게 책임감이 없어요?", "지난번 작성하신 보고서는 완전 별로였어요." 와 같은 충격요법을 사용하는 우를 범하기도 합니다. 그러나 위에 표현처럼 상대방의 인격이나 자질을 평가하는 피드백은 받는 사람 입장에서는 나의 행동을 돌아보며 반성하기 어렵습니다. 그저 기분만 나쁘고 행동을 변화시키고자 하는 의지도 갖기 힘들어집니다. 오히려 관계의 골만 깊어지는 결과로 이어지게 됩니다.

반면, 행동을 변화시키는 교정적 피드백 방법이 있습니다. 이는 관점을 전환해 상대방의 존재Being가 아닌 행동Doing에 초점을 둔 피드백을 제공합니다.

"최근 제조 공정 최적화 프로젝트 보고서 제출 기한이 하루 늦었더라구요. 앞으로는 버퍼시간을 예상하고 계획한다면 계획에 차질이 없을것 같습니다."

라는 흐름으로 구체적인 행동을 피드백 해주는 것이 중요합니다. 물론 상호간의 신뢰와 존중이 있다면 피드백의 교환은 훨씬 수월해 질것입니다. 많은 피드백이 상대방에 행동에 집중되어 있기 보다는 인격과 자질, 평가위주의 피드백으로 기분만 상하게 하고 행동의 변화까지는 이끌어 내지 못하는 아쉬움이 있습니다. 사실을 중심으로 감정과 욕구 그리고 부탁으로 마무리하는 교정적 피드백 방법론을 소개 합니다. 아래 4가지 순서를 확인하며 전달하고자 하는 피드백을 점검해 보시기 바랍니다.

이와 같이 팀원의 행동에 대해 피드백 할 때 활용할 수 있는 피드백 모델이 있습니다다. 바로 비폭력 대화모델 SENSe 모델입니다. 순서대로 따라가며 그 원리를 확인해봅시다.

첫 번째는 관찰See 입니다. 내가 실제 보고 들은 것을 근거로 있는 그대로의 사실(Fact)을 전달하는 것이 핵심입니다.

"이번 주 월요일 수요일, 금요일 10분씩 늦으셨지요?" 라고 사실을 이야기 해주는 것입니다. 반대로 나의 견해Opinion인 생각, 감정, 느낀 것이나 추론한 것, 신념을 근거로 이야기 하는 것을 주의 해야 합니다.

"왜 맨날 늦어요? 왜 이렇게 책임감이 없습니까?" 이렇게 말이지요. 우리는 사실이 아닌 상대방의 견해를 들었을 때 100% 공감하기 어렵습니다. 그렇기 때문에 먼저는 실제 발생했던 사실을 중심으로 이야기해줘야 합니다. 리더가 보고 들은 것을 근거로 피드백을 했을 때 자신의 행동에 대해 돌아보고 교정할 수 있기 때문이다. 첫 번째 내가 관찰한 사실을 기억하십시오.

두 번째는 느낌Emotion 입니다. 실제 일어났던 사실을 이야기 했다면 그 다음 해당 상황에 따른 나의 느낌과 감정을 이야기 해줍니다. 나의 느낌과 감정을 이야기해주는 것이 처음에는 어색할 수 있습니다. 다만 해당 상황에 따른 나의 감정이 어떤 지를 알려주는 것은 매우 중요합니다. 예를 들어 "저는 궁금하기도 하고 일 진행이 안 되고 있는 것 같아서 불안해요." 라고 말하는 것입니다. "불안해요", "걱정이 돼요", "속상합니다"등의 감정표현은 상대로 하여금 나의 감정상태를 이해할 수 있게 도와줍니다. 느낌과 감정은 눈에 보이지 않기에 말하지 않으면 모릅니다. 나의 느낌과 감정을 이야기 해주십시오.

세 번째는 욕구Needs 입니다. 문제 해결에 필요한 변화를 요청하는 것으로 원하는 바를 구체적으로 명확하게 말해주면 좋습니다. 그러기 위해서는 말하는 화자가 정말로 무엇을 원하는지 부터 제대로 알아야 합니다. 단순히 "늦지 마세요" 라고 말하기 보다는 "제가 원하는 것은 우리가 약속한 시간을 함께 지켜 나가는 것입니다. 늦으실 때마다 동료들에게 부정적인 영향을 끼칠까봐, 또 동료들이 김주임을 부정적으로 인식 할까봐 저는 그것이 걱정됩니다. 앞으로는 늦지 않을 수 있도록 시간관리를 잘 해주시면 좋겠어요. 혹 늦으시면 제게 미리 연락을 주시면 좋겠어요" 같이 문제해결에 필요한 변화행동을 명확하게 말하는 것이 중요하다. 단순히 늦지 마세요가 진짜 욕구가 아닐 수 있습니다. 진짜 내가 원하고 기대하는 것을 발견하여 알려주는 것이 중요합니다.

마지막은 부탁Suggestion 입니다. 관찰, 느낌, 욕구 순으로 이야기를 전했다면 마지막으로 상대방의 생각과 입장을 물어야 합니다. 피드백만 전달하고 끝나면 안됩니다. 상대방의 생각을 들어봐야 합니다. 그렇기에 행동을 부탁하거나 질문을 하는 것이 중요합니다. 단순히 요구를 하는 것이 아닌 '행동의 변화'를 촉진하기 위한 것입니다. "다음부터는 데드라인을 지킬 수 있도록 일의 진도와 상관없이 진척결과를 바로 공유해줄 수 있을까요?", "어떻게 생각하실까요?", "제가 말한 내용에 동의하시는지 아니면 다른 관점이 있으신지 말씀해주시면 좋겠어요." 와 같은 질문으로 상대방의 생각을 묻고 대화를 이어가는 것이 중요합니다.

안내 | 교정적 피드백을 위한 SENSe 모델

관찰 / See
보고 들은 것을 있는 그대로 표현합니다
- ~을 보았을 때 / ~을 들었을 때
- ~하는 것을 보았습니다. / ~~했다고 들었습니다.

느낌 / Emotion
상대방의 행동에 대해 내가 느낀 감정을 이야기합니다
- 당신이 ~~해서, 저는 ~~게 느낍니다. (나-표현법, i-Message)

욕구 / Needs
내가 상대방에게 원하는 것을 명확하게 열어 줍니다
- 저는 ~~이 필요/중요/원하기 때문에 ~~을 느낍니다.
- 저는 당신이 ~~하는 것을 원하고 있습니다.

부탁 / Suggestion
내가 원하는 바를 명확하게 부탁하고 질문합니다

연결부탁: 이 말을 들었을 때 어떻게 느낍니까? / 생각합니까?
행동부탁: 저는 당신이 ~~해 주길 원합니다. / ~~해 줄 수 있을까요?

© 2024 by GAINGE CONSULTING GROUP

예시 | 교정적 피드백을 위한 SENSe 모델

상황 | 팀원이 실수한 후, 팀장에게 바로 보고하지 않는 상황

진행하고 있는 프로젝트 중, 보고가 필요한 상황이 발생하였으나, 보고를 하지 않고 일을 독단적으로 진행하고 있는 팀원, 그 팀원을 위해서라도 피드백을 해야함을 인지하고, 미팅을 잡은 상황이다.

관찰 / See
보고 들은 것을 있는 그대로 표현합니다

우진씨, 이번 프로젝트를 진행할 때 문제가 있었다고 들었어요.
그런데, 벌써 3일이 지났는데도 그 문제를 제게 보고하지 않으셨네요.

느낌 / Emotion
상대방의 행동에 대해 내가 느낀 감정을 이야기 합니다

저는 우진씨가 프로젝트 도중에 문제가 발생했는데도,
제게 보고하지 않고 넘어가서 불안한 마음이 들었어요.

욕구 / Needs
내가 상대방에게 원하는 것을 명확하게 알려줍니다

저는 우리 팀이 문제가 발생했을 때 소통하면서 함께 해결해 나가는 팀이 되길 원합니다.
이런 상황에서 우진씨가 보고하지 않은 것에 아쉬운 마음이 커요.

부탁 / Suggestion
내가 원하는 바를 명확하게 부탁하고 질문합니다

다음부터는 일이 발생하면 빠르게 저와 공유해주시면 좋겠습니다.
어떻게 생각하시나요?

© 2024 by GAINGE CONSULTING GROUP

예시 | 교정적 피드백을 위한 SENSe 모델

상황 | 약속한 시간까지 자료 전달이 되지 않는 동료에게 피드백 하는 상황

금일 17시까지 신제품 관련 레퍼런스를 전달해주기로 하였으나, 동료는 17시가 지나서도 아무런 반응이 없고 연락도 되지 않은 상황이다. 결국 해당 동료를 따로 만나 이야기 하는 상황

관찰 — See
보고 들은 것을 있는 그대로 표현합니다

은진씨, 오늘 17시까지 신제품 관련 레퍼런스를 전달해주시기로 했는데, 아무 소식이 없어서요. 연락도 안되고 이번달에 같은 상황이 3번이나 있었어요.

느낌 — Emotion
상대방의 행동에 대해 내가 느낀 감정을 이야기 합니다

저는 은진씨가 17시까지 약속 기한을 지나면서도 진행 상황을 제게 공유해 주지 않으시면 불안하고 초조함을 느낍니다.

욕구 — Needs
내가 상대방에게 원하는 것을 명확하게 얘기 해줍니다

다음부터는 해당 결과물과 상관없이 약속된 기한에 있는 그대로의 현재상황과 자료를 먼저 공유해주시면 좋겠어요. 이게 우리 조직의 중요한 일하는 방식이잖아요?

부탁 — Suggestion
내가 원하는 바를 명확하게 부탁하고 질문합니다

앞으로 제시간에 주실 수 없을 것 같다고 판단되면, 그때 바로 제게 진행 상황을 공유해주세요. 그렇게 해줄 수 있을까요?

작성 교정적 피드백을 위한 SENSe 모델

상황 |

관찰 See	느낌 Emotion	욕구 Needs	부탁 Suggestion
보고 들은 것을 있는 그대로 표현합니다	상대방의 행동에 대해 내가 느낀 감정을 이야기 합니다	내가 상대방에게 원하는 것을 명확하게 알려 줍니다	내가 원하는 바를 명확하게 부탁하고 질문합니다

© 2024 by GAINGE CONSULTING GROUP

제공도구 221

02

격려나 인정이 필요할 때, 지지적 인정을 위한 TEB 모델

역시 우리 박사원, 항상 일 잘해~ 최고야! 최고!

여러분이 박 사원이라면 이 말을 듣고 기분이 어떻겠습니까? 칭찬이라 기분은 좋겠지만 듣고도 무언가 찝찝할 수도 있습니다. 그 이유는 나의 어떤 행동이 잘 했는지 구체적으로 칭찬받지 않았기 때문입니다. 앞서 교정적 피드백과 같은 맥락입니다. 누군가에게 격려와 인정을 할때는 행동 Doing에 대해 구체적으로 말해주는 것이 중요합니다. 그렇기에 '증거'가 있어야 합니다.

격려와 인정을 할 때는 상대방이 "나의 이런 행동이 도움이 되는구나."라고 느끼게 해주 것이 중요합니다. 평상시 상대방을 관찰한 내용을 기반으로 증거를 발견하고 격려하고 인정해 줄 때 팀원의 행동이 더 강화될 수 있다. 상대방의 행동, 태도, 성과등 다양한 영역에서 인정을 선물할 수 있습니다. 이 때 활용할 수 있는 것이 지지적 인정 TEB 모델입니다.

첫 번째는 감사**Thanks** 입니다. 가장 먼저 감사를 표현하는 것이 중요합니다. 감사한 일이나 도움이 되었던 일, 업무 수행상 협력 등 모든 영역에서 관찰한 내용에 대한 감사를 먼저 표현하는 것 입니다. "지난 번 고객 컴플레인에 대해 수정 요청을 했을 때 김주임이 자기 일처럼 여기고 나서서 해결 해 주어서 정말 고마웠습니다." 와 같이 김주임의 행동에 대해 구체적으로 언급한다면 김주임은 자신의 어떤 행동에 대해 격려를 하는지 명확히 인식할 것입니다.

다음은 증거**Evidence**를 언급해줍니다. 이는 어떤 부분이 고마운지 이에 대한 구체적인 증거, 경험, 사례, 사건, 과정, 결과를 말하는 것입니다. "5일전에 개발팀에서 신속하게 오류를 잡아줘서 더 큰 상황으로 번지는 것을 막을 수 있었습니다. 미팅을 요청했을 때 우선적으로 시간을 잡고 해결책을 제시해줘서 가능했습니다." 이와 같이 있는 구체적인 증거를 기반으로 이야기할 때 사실/행동 중심으로 격려를 해야 팀원은 구체적으로 '자신의 행동'을 인식하고 그 행동이 강화되는 방향으로 이어질 수 있습니다.

마지막은 유익**Benefit**을 말해주는 것입니다. 팀원의 행동이 실제적으로 어떤 유익과 효과가 있었는지 강조하는 것이 중요합니다. "김주임이 신속하게 대응해줘서 저희 팀도 고객의 소리를 보다 더 적극적으로 반영하는데 도움이 되었습니다. 저는 진심으로 김주임의 태도를 우리 팀 모두가 배웠으면 좋겠습니다. 저부터 배우고 실천하겠습니다." 와 같이 어떤 영향을 받았는지를 말한다면 자신의 행동이 실제적으로 어떻게 도움이 되었는지를 인식할 수 있습니다. 이는 자부심을 만들어 내며 기쁨과 뿌듯함 속에서 목표에 집중하게 되는 선순환의 고리를 만들어 낼 것입니다.

안내 지지적 안정을 위한 TEB 모델

T
감사한 일, 도움이 되었던 일, 업무 수행상의 협력, 새로운 지각, 인사이트 등의 감사를 표현합니다.

Thanks
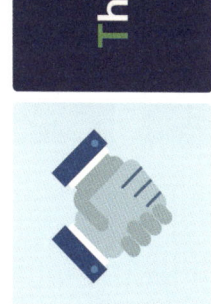

E
감사에 대한 구체적인 증거, 경험, 사례, 사건, 과정, 결과들을 덧붙입니다.

Evidence

B
감사로 인한 유익, 효과, 발전 방향, 기대 등을 이야기 합니다.

Benefit

© 2024 by GAINGE CONSULTING GROUP

제공도구 2 2 5

예시 | 지지적 안정을 위한 TEB 모델

상황 업무에 어려움을 겪고 있던 중 도움을 주었던 동료에게 고마움을 전하는 상황

T
Thanks

현경님, 지난번에 업무에 큰 도움을 주셔서 감사합니다.

E
Evidence

처음 맡은 업무라 어떻게 해야 할지 갈피를 잡지 못하고 헤매고 있었는데, 현경님이 업무를 왜 하는지 원하는 결과물이 무엇인지, 참고할 사항은 어떤 것이 있는지 친절하게 알려주셔서 무사히 업무를 마칠 수 있었습니다.

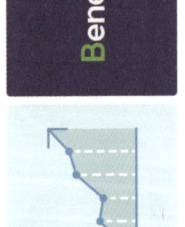
B
Benefit

저도 현경님 같은 친절함을 갖춘 동료가 되어 누군가에게 도움을 줄 수 있는 사람이 되고 싶습니다.

홍대리, 원온원 미팅을 시작하다

예시 지지적 안정을 위한 TEB 모델

상황 새로운 고객사와 대행 계약 체결에 도움을 준 동료를 격려하는 상황

T — Thanks

윤혁 대리님, 이번에 A사와 계약 체결에 큰 도움을 주어 고마워요.

E — Evidence

윤혁 대리님께서 2주 동안 철저한 자료준비와 프로젝트 일정관리를 해준 덕분이에요. 아근하면서 준비하시는 것 자주 보았습니다.

B — Benefit
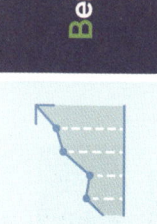
이번에 체결한 대행 계약 덕분에 우리 회사의 매출액과 성장률이 크게 증가할 것 같습니다. 윤혁 대리님의 열심과 정성에 제가 많이 배웠습니다. 감사합니다.

작성 지지적 안정을 위한 TEB 모델

상황

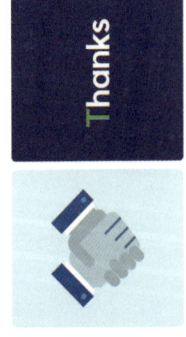
Thanks

Evidence

Benefit

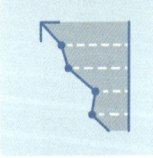

© 2024 by GAINGE CONSULTING GROUP

공감적 경청을 위한 경청모델, 3F 모델

경청은 무엇입니까?
경청(敬聽)은 공경할 경, 들을 청으로 '남의 말을 공경(恭敬) 하는 태도(態度) 로 듣는 것입니다. 단순히 상대방의 말을 듣는 것만이 아닌 공경하는 태도로 듣는 것입니다. 대부분의 사람들은 상대방의 이야기를 듣는 것보다 나의 이야기를 하는 것을 더욱 좋아하는 경향이 있습니다. 경청을 표현할 때 '상대방이 말하게 하는 리더십'으로도 표현합니다. 상대방의 말을 진심으로 들어주면 상대방이 신이 나서 이야기하고 있는 모습을 발견할 수 있을 것입니다. 그렇기에 잘 듣는 다는 것은 분명 소통에 있어 중요한 핵심요소라고 할 수 있습니다.

그렇다면 잘 듣는다는 것은 무엇일까? 듣는다라는 것을 크게 3가지 단계로 나눌 수 있습니다.

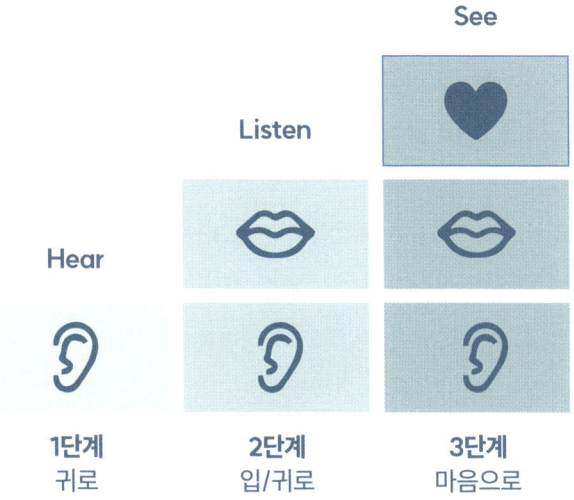

[1단계-귀로 듣는 것Hear]

1단계는 귀로 듣는 것입니다. 영어단어로는 Hear로 이것은 감각동사입니다. 즉 자의적으로 들으려고 하지 않아도 들리는 소리를 듣는 것입니다. 우리가 상대방과 대화를 할 때 집중하지 않고서도 감각적으로 상대방의 이야기를 들을 수 있습니다.

[2단계-입/귀로 듣는 것Listen]

2단계는 입/귀로 듣는 것입니다. Listen은 지각동사로 의식적으로 지각할 때 주로 사용됩니다. 보통 Listen 뒤에는 전치사 to를 같이 사용합니다. 이는 듣는 방향성이 있다는 의미입니다. 내가 선택해서 들을 수 있는 것입니다. 여기서 생각해볼 수 있는 것은 나는 1단계 수준으로 상대방의 말이 들리니까 그저 듣고 있는 것인지, 아니면 2단계 처럼 상대방의 이야기를 듣고자 의지를 갖고 집중하며 듣고있는지를 살펴보아야 합니다.

[3단계-마음으로 듣는 것See]

마지막 3단계는 마음으로 듣는 것입니다. 영어단어 See 에는 여러가지 뜻이 있습니다. '보다'라는 뜻 말고도 '이해하다, 알다' 라는 뜻도 있습니다. 제임스 카메론 감독이 제작한 아바타라는 영화를 보면 두 아바타가 이렇게 이야기하는 것을 들을 수 있습니다. "I see you." 이 말은 "저는 당신을 이해하고 있습니다." 라는 뜻입니다. 즉, 우리가 말을 듣는 것을 넘어 상대방이 어떤 마음으로 이야기 하는지 공감하며 듣는 태도가 매우 중요합니다. 때로는 말하는 이에 마음이 절실하게 공감되며 하나로 연결되는 순간이 있습니다. 이것이 공감적 경청을 했을 때 비로서 경험할 수 있는 연결입니다. 저는 이것을 소통이라고 부릅니다.

공감적 경청을 위한 경청모델: 3F

공감적 경청을 위한 경청모델 3F를 소개합니다

Fact	상대가 말한 내용을 있는 그대로 따라 말하며 듣기
Feeling	말하는 사람의 감정을 파악하고 말로 표현하며 듣기
Focus	말하는 사람이 표현하지 못했지만 알아주었으면 하는 속마음이나 핵심 메시지를 발견하며 듣기

크게 3가지의 대화흐름으로 이야기를 들으며 다음과 같이 이야기 할 수 있습니다.

첫 번째는 Fact 입니다. 상대방이 말한 내용을 있는 그대로 따라 말하며 듣는 것입니다. 조금은 기계처럼 느껴질 수 있지만, 상대방이 말한 내용의 단어, 문장, 표현을 따라 이야기해주는 것만으로도 상대방은 나의 이야기를 듣고 있다고 느낄 수 있습니다.

두 번째는 Feeling입니다. 이는 말하는 사람의 감정을 파악하고 말로 표현하며 듣는 것입니다.
"재밌었겠다.", "속상했겠는데?", "많이 서운했겠다.."등의 감정을 파악하여 표현해주는 것입니다.
감정만 제대로 표현해주어도 상대방은 나의 이야기를 잘 듣고 있구나라고 느낄 수 있습니다.

마지막은 Focus로 말하는 사람이 표현하지 못 했지만 알아주었으면 하는 속마음이나 핵심 메시지를 발견하며 듣는 것입니다. 뿐만 아니라 상대방의 내면의 성장동기까지 발견하여 표현해주는 것도 포함됩니다. 이를 촉진적 성장동기를 발견해준다 라고 말합니다. Focus는 상대방의 내면의 이야기까지 들어야 하기에 관심와 노력이 필요합니다.

허프로는 인사팀장으로 올해만 해도 10명의 구성원을 채용했습니다. 그러나 한 해가 지나가기도 전에 7명이 퇴사를 하는 상황이 발생했고 매우 속상한 감정을 느끼고 있습니다. 이 때 동료인 김프로에게 하소연을 하는 상황입니다.
"아니 요즘 MZ세대들은 정말 키워놓으면 나가고.. 일 좀 익숙해지면 나가고.. 사람을 뽑고 키우는게 너무 힘드네요.."
이때 김프로가 이렇게 이야기합니다.

"회사를 위해 직원들을 뽑고 성장시키면서 함께 잘해보고 싶었을 텐데.. 직원들이 계속 떠나니 정말 힘드실 것 같아요.. 허프로님 힘내세요!"

위에 문장에서 Focus를 발견해보기를 바랍니다. 분명 상대방을 감정을 공감해주는 것도 있지만. 여기서 중요한 것은 상대방이 잘해보고 싶다라는 성장동기를 발견해주는 것입니다. 공감적 경청은 상대방의 내면의 밝은 점(성장 동기)을 찾아 표현해 주는 것에 중요한 핵심이 있습니다. 이는 분명 소통의 긍정적 시너지를 더할 것입니다.

반면에 이렇게 대화가 오고간다고 상상해보십시오.
"저희 팀은 제가 알아서 하는데 새로 오신본부장님이 자꾸 이래라 저래라 하니까 너무 힘듭니다. 좋은 결과로 보여드리면 되는 거 아닙니까?"

이럴 때 예를 들어 "기분 나빠도 직책대로 해야지. 어떡하겠나.."라고 하거나 "박프로가 잘했다면 새로운 본부장님을 영입했을까요?" 라고 말해서는 안 됩니다. 공감적 경청의 핵심은 상대방의 마음 속에 속마음이나 핵심메시지를 를 발견하는 것이기 때문입니다.

"박프로에게 믿고 맡겨 주면 잘 할 수 있을 것 같은데 새로운 본부장님이 좀 힘들게 한 부분이 있나 보네요." 와 같이 박프로는 말하지는 못 했지만 잘하고 싶은 그 마음을 발견해서 언급하는 것이 중요합니다. 이 말을 들은 박프로는 어떨까요? 이미 리더가 나의 마음을 알아주었기 때문에 불안과 염려의 감정이 여기에서부터 해소될 가능성이 높아집니다.

이에 더하여 공감적 경청을 돕는 2가지노하우를 소개합니다.

1 첫번째, 상대방의 '문제'를 넘어 '그 사람' 을 보려고 해보십시오.

저를 포함해 많은 사람들은 상대방의 말에 집중합니다. 그리고 그 말에서 드러난 문제를 포착하고 이를 해결해주기 위해서 시간과 에너지를 들이는 노력을 해줍니다. 다만 때로는 그 문제보다 상대방이 그 문제로 하여금 어떤 감정과 느낌을 받고 있는지에 집중할 필요가 있습니다. 이를 위해서는 사람에 대한 관심과 이해가 필요합니다. 지속적인 관심과 관찰이 있어야만 사람을 볼 수 있습니다. 문제해결을 위한 전략과 방법을 제시해주는 인지적 공감도 중요하지만 때로는 "괜찮아?", "많이 속상했겠다...", "나 같아도 화났겠다!" 등의 감정적 공감이 중요하다는 것을 확인했습니다.

2 두번째는 평소에 건강상태Condition와 자신감Confidence을 잘 관리하시는 것을 당부드립니다. 대화와 소통에서는 상대방의 말도 중요하지만 현재 나의 상태는 어떠한가도 매우 중요합니다. 평소처럼 대화가 어렵거나 힘들다면 현재 나의 상태를 점검해볼 필요가 있습니다. 피곤하지는 않은지, 지친 상태인지는 아닌지 점검 해봐야합니다. 사람은 바쁘고 피곤하고 지칠 때 상대방의 말 뿐 아니라 그 사람을 보는 것이 어렵습니다. 상대방을 사랑하고 싶다면 나를 먼저 돌아보고 나를 사랑해보는 것도 매우 중요합니다. 잘 듣기 위해서는 나의 몸과 마음의 소리를 잘 들어야 합니다.

안내 공감적 경청 3F 모델

Fact
상대가 말한 내용을 있는 그대로 따라 말하며 듣습니다.

Feeling
말하는 사람의 감정을 파악하고 말로 표현하며 듣습니다.

Focus
말하는 사람이 표현하지 못했지만 알아주었으면 하는 속마음이나 핵심 메시지를 발견하며 들으며 내면의 성장동기까지 발견하며 듣습니다.

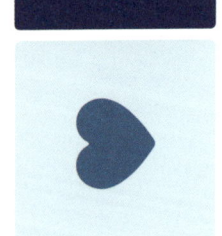

© 2024 by GAINGE CONSULTING GROUP

예시 공감적 경청 3F 모델

상황 | 반복적인 업무에 무료함을 느끼는 동료와 업무에 대해 이야기하는 상황

요즘 반복되는 업무만 했더니 일하는 게 재미가 없고, 제 스스로도 성장하지 못하고 있다는 생각이 듭니다

Fact
최근에 반복되는 업무가 많으셨군요!
일하는 재미..성장한다는 느낌도 받지 못하나 보네요.

Feeling
매일 반복적인 업무만 하다 보니 일하는 재미가 없고
성장할 기회도 안 생겨서 많이 힘들었을 것 같아요.

Focus
일에서 보람을 느끼고 싶으신 것이지요? 의미와 즐거움을 찾고 성장하고 싶으신 거잖아요?
팀장님과 원온원 미팅을 통해 한번 나눠보시면 어떨까요?

예시

공감적 경청 3F 모델

상황 | 새로운 프로세스에 따라 프로젝트를 진행하려고 하던 중 팀원들이 반대에 직면한 '손 팀장' 상황

손 팀장님.. 괜히 새로운 방식으로 시도했다가 실패하면 일이 곤란해질 것 같습니다. 그냥 기존 프로세스대로 하시는 게 어떨까요?

 Fact	현지씨는 이번 프로젝트에 새로운 프로세스를 사용해서 실패할까 봐 걱정되는 거죠? 이전에 진행해본 적이 없는 프로세스라서, 중요한 프로젝트에 사용하는 것에 두렵고 걱정될 거란 생각해요.
 Feeling	
 Focus	저는 현지씨가 이번 프로젝트에 변수를 줄이고 성공시키고 싶은 마음을 느낍니다. 그런데 이 프로세스로 한번은 진행해보기를 원합니다. 그래서 저는 현지씨가 정말 필요합니다. 이번 프로세스를 함께 보완해가며 시도해보면 어떨까요?

© 2024 by GAINGE CONSULTING GROUP

작성 공감적 경청 3F 모델

상황

Fact	Feeling	Focus

© 2024 by GAINGE CONSULTING GROUP

말보다 더 강력한 행동!
비언어 체크리스트 | 비언어행동모음집

소설 셜록홈즈에서 탐정 셜록은 파트너인 왓슨 박사에게 딱 이 한 마디를 합니다.
"자네는 보긴 봐. 하지만 관찰하지는 않아"

말보다 더욱 정직한 것이 바로 비 언어적인 상호작용입니다. 그 사람의 심리 상태가 어떤지, 지금 어떤 상황인지, 무슨 의도를 가지고 말하는지 비 언어적인 상호작용들을 관찰하면 속의 뜻을 파악할 수 있습니다. 나의 비언어적인 행동을 관리하고, 상대 팀원의 비언어적인 행동을 관찰하면 원온원 미팅을 더욱 풍성하게 이끌어 갈 수 있을 것 입니다!

비언어적 상호작용 체크리스트

	상황	체크
1	나는 팀원(동료)과 이야기할 때 눈을 잘 마주치지 못한다.	☐
2	나는 팀원(동료)에게 업무를 지시(부탁)할 때 얼굴을 마주보지 않고 말한다.	☐
3	나는 팀원(동료)과 1대 1로 말할 때, 몸이 팀원을 향하고 있지 않다.	☐
4	나는 팀원(동료)을 칭찬할 때, 무표정 또는 인상 쓰며 말한다.	☐
5	나는 팀원(동료)에게 피드백 할 때, 스스로 어떤 표정을 짓고 있는지 모른다.	☐
6	나는 말할 때, 책상이나 의자를 손으로 두드리곤 한다.	☐
7	나는 회의 도중 팀원이 말할 때, 팔짱을 끼고 듣는다.	☐
8	나는 발표할 때, 손을 어떻게 두어야 할 지 잘 모른다.	☐
9	나는 평소 팀원(동료)과 이야기할 때, 바닥을 보고 말한다.	☐
10	나는 회의 도중 팀원이 말할 때, 턱을 괴고 듣는다.	☐
11	나는 평소에 어깨 좀 피고 말하라는 이야기를 듣는다.	☐
12	나는 평소 회의 때 무엇인가를 습관적으로 만지고 있다	☐
13	나는 회의 때 중간 중간 내 모습을 살피며 옷매무새를 다듬는다	☐
14	나는 평소 회의 발표 시에 말이 빠르다는 이야기를 듣는다.	☐
15	나는 서서 말할 때, 짝다리를 짚고 서 있는다.	☐
16	나는 누군가에게 지시를 내릴 때, 삿대질 하여 가리킨다.	☐
17	나는 누군가와 대화할 때, 시간을 자주 확인한다.	☐
18	나는 팀원과 의견이 다를 때, 고개를 좌우로 흔들곤 한다.	☐
19	나는 누군가와 이야기할 때, 휴대폰을 만진다.	☐
20	나는 대화 도중에 고개를 자주 돌린다.	☐

■ **0~4개** : 회의에 임하는 태도가 정말 멋집니다! 앞으로도 모두 즐기는 건강한 회의 문화를 가져가시길 응원합니다!
■ **5~9개** : 회의에서의 중요성을 알고 있지만 간혹 속마음이 드러나고 있습니다. 지금부터 바른 습관을 가져가봅시다!
■ **10~14개** : 기분이 태도가 되어서는 안됩니다! 나의 모든 태도로 보여지고 있지 않는지 학습이 필요합니다!
■ **15개 이상** : 불안이 그 자체! 진행 중 의도적으로 나의 자세를 확인하고 교정하는 노력이 필요합니다!

얼굴

이미지	행동특성	비언어적 행동 해석	메세지
	입술 오므리기	상대의 말이나 현재 상황에 의문이 들거나, 반대하는 사람은 심리적 표현으로 입술을 오므립니다. 마냥 일반적이진 않아 발생했을 때 정확하게 파악할 수 있는 동작 중 하나입니다. *다만, 의문이나 반대의 부정적 메시지이니 파악한 후에 적절한 조치를 취하는 것이 꼭 필요합니다	반론 의문 부정
	눈을 가리거나 비비기	"방금 본 것, 들은 것, 전달 받은 내용 난 싫습니다!" 이를 여실히 드러내는 행동 중에 하나입니다. 이는 팀원보다는 리더들에게 많이 보여지는 행동 중에 하나이기도 합니다.	거부 부정 답답함
	입술이 보이지 않게 앙 다물기	"나 지금 스트레스를 받고 있습니다!" 현재의 상황이나 대화의 진행 중에서 불안요소가 있음을 보여줍니다.	불안 답답 곤란
	이마를 문지르기	머리속으로 무엇인가를 치열하게 고민하고 씨름하고 있을 가능성이 높습니다. 그렇기에 이 행동은 한 편으로 아주 강도 높은 불편감을 애써 무시하고자 하는 태도일 수 있습니다	고민 답답 불편 의지
	입 안에서 혀로 볼 안쪽을 문지르기	일반적으로 혀로 볼 안 쪽을 문지를 때 심호흡이 같이 동반됩니다. 순간적으로 확 열이 오르거나 마음이 불편할 때 이를 가라앉히기 위해 사용하는 방법입니다.	화남 불편
	입술 핥기	일반적으로 혀로 볼 안 쪽을 문지를 때 심호흡이 같이 동반됩니다. 순간적으로 확 열이 오르거나 마음이 불편할 때 이를 가라앉히기 위해 사용하는 방법입니다.	불안 부정적 감정
	볼이나 얼굴에 손 갖다 대기	불안, 초조, 화, 걱정의 감정이 올라올 때 진정시키는 방법 중 하나입니다. 미팅에서 특히 어떤 주제일 때 이런 행동을 하는지 주의해서 보십시오.	불안 초조 화남 걱정
	순간 실눈 뜨기	잠깐이라도 노트북에 시선을 두고 있었다면 발견하기 어려울 정도로 가장 짧은 시간 내에 이뤄지는 비언어적 행동입니다. 하지만 아주 즉각적으로 확인할 수 있는, 강력한 부정적 정서가 반영된 비언어적 행동입니다	부정적 비동의 불편감

© 2024 by GAINGE CONSULTING GROUP

얼굴

이미지	행동특성	비언어적 행동 해석	메세지
	곁눈질하기	대화의 결과가 믿기지 않거나, 아직은 납득할 수 없을 때 보여지는 특징입니다. 다행히 무조건 부정적인 뉘앙스는 아닙니다. 이 행동이 발견된다면, 자연스럽게 설득이나 가치 부여를 해 주실 필요가 있겠습니다.	호기심 조심성 의문
	코와 턱의 위치 높이기	코와 턱의 위치가 높으면 높아질 수록, 자신감이 높다는 것을 자연스럽게 보여줄 수 있습니다 반대의 경우는 자신감이 떨어지는 심리를 보이는 것일 수 있습니다! 확인을 자주자주 해주십시오.	자신감

손/팔/다리

이미지	행동특성	비언어적 행동 해석	메세지
	출입구 가장 가까운 곳으로 다리 돌리기	나를 불편하게 하는 매개와 무의식 중에 거리를 두는 행동으로 자신의 불편함을 보여주는 자세입니다.	불편 회피 위협
	무릎 위에 손 바닥을 문지르기	이 동작은 대부분 테이블 아래에서 이뤄지기에 놓치기는 쉬운 동작입니다. 하지만 발견이 되었다면 가장 분명한 불안에 대한 신호입니다.	불안
	팔뚝 긁기	불안함이나 긴장을 느꼈을 때 이를 진정하기 위해 일부러 손이 어떤 일을 하게 하는 것입니다. 집중을 분산시키는 것이죠. 부정적인 감정 자체를 완화 시키고 있는 것입니다.	불안 긴장
	손으로 꽉 움켜쥐면서 팔짱 끼기	아주 분명한 신호 중에 하나 입니다. '나 지금 꽤나 불편해.'	불편함
	엄지를 위로 향하게 올리기	아주 긍정적이며 좋은 신호입니다. 엄지척과 같은 상황 뿐만 아니라 양손을 마주 잡고 있을 때 엄지가 보이는 것도 포함됩니다. 그러니 반대로 갑자기 엄지가 보이지 않게 된다면, 사고가 부정적으로 바뀌게 되었다고 예상할 수 있습니다.	긍정 동의
	손가락을 벌려 테이블 위에 손가락 끝을 올리기	자신의 권위를 드러내는 손 모양입니다. 다른 말로 영역표현이기도 하는데, 자기 확신이 있을 때 이런 양상을 보입니다.	권위 영역표현 자기확신
	팔을 펴서 다른 의자 위에 걸치기	이 미팅이 진행되는 상황 자체에 편안함을 느낄 때 이런 모습을 보이며, 확신이 있을 때 가능한 자세이기도 합니다.	편안함 확신

© 2024 by GAINGE CONSULTING GROUP

행동

이미지	행동특성	비언어적 행동 해석	메세지
	어깨를 귀 쪽으로 올리기	거북이 자세라고도 합니다. 자존심이 상하거나, 갑자기 자신감을 잃었을 때 보여지는 행동입니다.	약함 불안 부정적 감정
	테이블이나 상대로부터 몸을 약간 멀리하기	자신에게 위협이 되는 대화라고 판단되거나, 싫을 때 피하고 싶은 심리가 들어가는 자세입니다.	위협감 불안 회피
	천돌을 가리기 (목 부위)	내 몸에서 가장 연약한 부위 중 하나일 목의 안전을 확인합니다. 심리적 행동이죠. 여성은 목걸이를 만지거나, 남성은 넥타이를 바로 잡습니다. 순간 흔들리는 부정적 감정에서 자신을 진정시키고 완화하기 위한 방법입니다.	불안감 불편함 두려움
	목이나 입가를 만지기	감정적으로 불편하거나 의심 또는 불안이 있을 때의 특징입니다. 'OO씨 이 업무 진행상황 어떻게 되었어요?' 라고 물었을 때 '아.. 확인해보겠습니다' 라며 즉시 목이나 입가를 건드리면 불편함을 진정시키고 있는 것입니다.	불편 의심 불안
	물건 만지작거리기	불안을 해소하고 싶어 손에게 다른 자극을 주는 행동입니다. 미팅서류나 필기구 등을 계속 만지작거리며 다른 곳에 신경을 보내는 것입니다.	불안
	머리카락 잡아당기거나 만지기	아무래도 머리의 기장감이 있는 여성에게 자주 나타납니다. 역시 불안에 대한 행동입니다.	불안 답답
	옷매무새 다듬기	뭔가 모양을 내고 있거나, 옷을 다듬거나 하는 행동을 말합니다. 이는 상대방의 말에 일절 아무 관심이 없다는 분명한 거절과 거부의 신호입니다.	거절 거부 관심없음
	블라우스나 셔츠 앞을 통풍 /머리카락을 뒤로 쓸어 올리기	스스로 이 상황 자체를 환기하고 싶어하는 심리가 그대로 들어간 행동입니다.	환기 진정

© 2024 by GAINGE CONSULTING GROUP

행동

이미지	행동특성	비언어적 행동 해석	메세지
	머리 기울이기	모르겠어서 갸우뚱 하는 것이 아닌, 대화 중 자연스럽게 머리를 기울이게 되는 것을 말합니다. 이는 "상황이 편안합니다. 받아들일 준비가 되어있습니다! 이 의견에 저는 우호적입니다!" 라는 뜻일 가능성이 큽니다. 불편한 상황에서 머리가 기울여지지 않습니다	편안함 우호적 호기심
	양손을 허리쪽에 대기	아주 강력한 영역 표현입니다. 내가 지금 이 아젠다에서, 이 상황과 미팅에서 분명한 지배의 영역이 있을 때 보여줄 수 있는 행동입니다.	지배성 자신감 장악
	둘이 마치 거울처럼 행동하기	상대방이 하는 행동을 자연스럽게 따라하게 되는 것인데 이는 매우, 극상의 편안한 상태임을 보여줍니다.	편안함

© 2024 by GAINGE CONSULTING GROUP